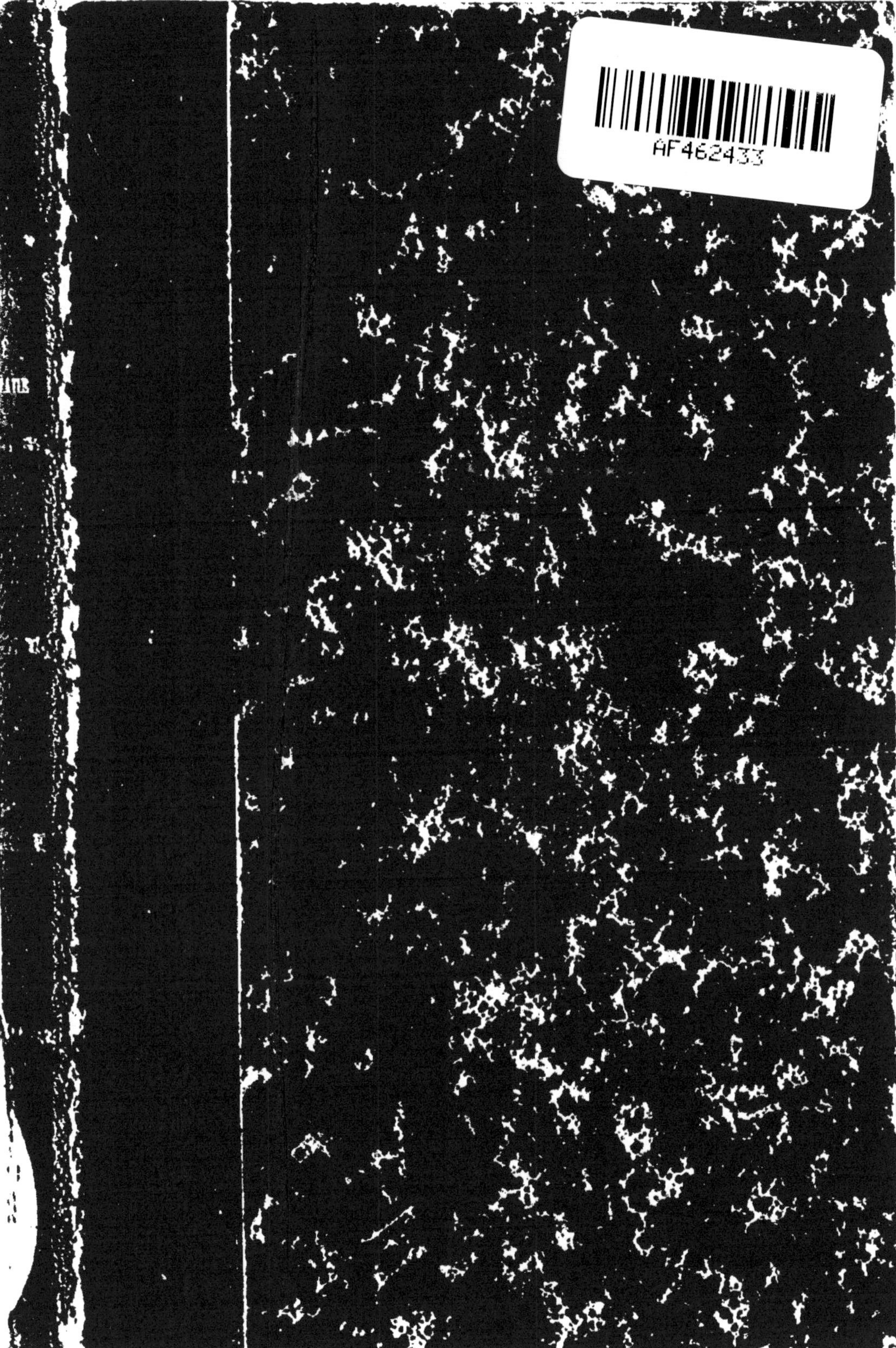

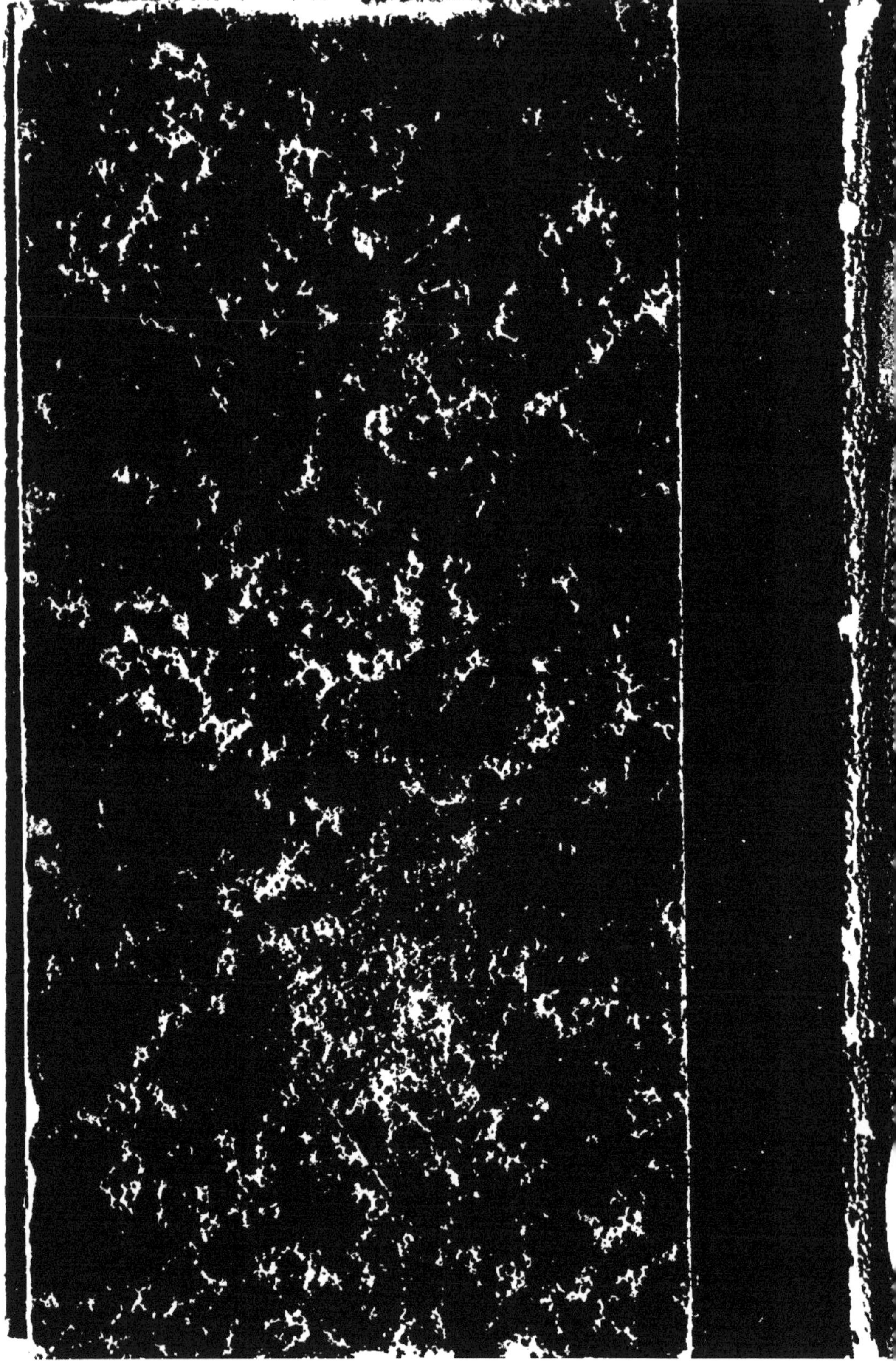

L'ÉGLISE

ET

LA DÉMOCRATIE

APPROBATION DE L'ORDRE

Nous soussignés, Maîtres en sacrée théologie, avons lu, par ordre du T. R. P. Provincial, l'ouvrage du R. P. Vincent MAUMUS, intitulé : *l'Église et la Démocratie*, et nous l'avons jugé digne de l'impression.

Fr. J.-M.-L. MONSABRÉ,	Fr. Reginald BEAUDOUIN,
Maître en sacrée théologie	Maître en sacrée théologie

Imprimatur :

Fr. Thomas BOURGEOIS,
Prieur Provincial

R. P. Vincent MAUMUS
DOMINICAIN

L'ÉGLISE
ET
LA DÉMOCRATIE

HISTOIRE ET QUESTIONS SOCIALES

PARIS
P. LETHIELLEUX, LIBRAIRE-ÉDITEUR
10, RUE CASSETTE, 10

L'ÉGLISE
ET
LA DÉMOCRATIE

PIE VII ET LÉON XIII.

La République Cisalpine, fille de la République Française, venait d'être reconnue par le traité de Campo-Formio quand, le 25 décembre 1797, le cardinal Chiaramonti, évêque d'Imola, publia un mandement pour démontrer l'alliance naturelle entre l'Église et une société démocratique. Après avoir rappelé les enseignements de l'Évangile, l'évêque ajoutait : « La forme du gouvernement démocratique, adoptée chez nous, n'est point en opposition avec les maximes que je viens de vous exposer; elle ne répugne pas à l'Évangile, elle exige, au contraire, ces vertus sublimes qui ne s'acquièrent qu'à l'école de Jésus Christ. Si vous les pratiquez religieusement, elles seront le gage de votre bonheur, de votre gloire et de la splendeur de notre République... La vertu dont les devoirs nous sont indiqués par les lumières naturelles et complètement manifestés par l'enseignement de l'Évangile, est seule capable de perfectionner l'homme, de le conduire au bonheur suprême ; seule elle doit être l'inébranlable fondement de notre démocratie. Les vertus morales qui consistent dans l'amour de l'ordre nous rendront de bons démocrates, mais de cette démocratie pure, qui travaille sans relâche à la félicité commune, et qui, abjurant les haines, les perfidies, l'ambition, est aussi attentive à respecter les droits d'autrui qu'à remplir ses propres devoirs. Par là se consolidera *l'égalité*, qui, dans sa juste acceptation, montre la loi, planant sur tous les membres du corps social, pour diriger, protéger, punir ; qui, coordonnée aux dispositions des lois divines et humaines, conserve à chacun les facultés nécessaires à l'accomplissement des devoirs, et qui, garant du bonheur individuel, comme du bonheur de tous, trace à chaque individu de l'état démocratique la juste mesure de ce qu'il doit à Dieu, à lui-même et à ses semblables. *L'égalité civile, dérivée du droit naturel* et embellie par la morale, fait harmoniser le corps politique, quand chacun coopère au bien de tous suivant l'étendue de ses facultés physiques et morales, quand, à son tour, il recueille de la protection sociale tous les avantages qu'il a droit d'en attendre... Efforcez-vous d'atteindre à toute la hauteur de la vertu et vous serez de vrais démocrates; accomplissez fidèlement les préceptes évangéliques et vous serez la joie de la République... *L'obéissance chrétienne envers les autorités qui la régissent*, l'accomplissement de vos devoirs, le zèle pour le bien général, seront, avec la grâce divine, une nouvelle source de mérite pour arriver à ce royaume céleste, auquel vous invite le divin Enfant dont aujourd'hui nous célébrons la naissance glorieuse. Oui, mes très chers frères, soyez tous chrétiens, et vous serez d'excellents démocrates » (1).

(1) Voir M. d'Haussonville; *l'Eglise romaine et le premier Empire*; 1er vol. pièces justificatives.

On voit quelles étaient, sur une société démocratique, les appréciations bienveillantes et quasi-paternelles, d'un évêque qui, moins de deux ans après la publication de ce mandement, était élu Pape sous le nom de Pie VII. Il n'hésitait pas à faire découler de l'Évangile le principe fondamental de la démocratie : l'égalité devant la loi. Pour lui, la loi, planant désormais à une hauteur égale sur tous les membres du corps social, et laissant à chacun la possibilité de coopérer au bien de tous suivant *l'étendue de ses facultés*, était une conception si éminemment chrétienne, que le secours des vertus évangéliques pouvait seul en assurer la complète application.

Il était facile de prévoir que l'évêque d'Imola, devenu Pontife suprême, saisirait avec empressement une occasion favorable de signer un traité de paix solennel entre l'Église et une société qu'il venait de juger avec une condescendance et une hauteur de vue vraiment chrétiennes. Le mandement de 1797 était le prélude du Concordat.

Déjà, dans un document d'une importance capitale et trop peu connu, son prédécesseur le pape Pie VI repoussait comme une calomnie l'accusation de ceux qui présentaient l'Église comme inconsolable du nouvel état de choses, et regrettant un passé détruit. Pie VI protestait contre la constitution civile du clergé, mais il avait bien soin d'affirmer que sa protestation ne visait pas les lois nouvelles purement civiles. Voici les paroles du Souverain Pontife : « *Verumtamen quæ de obedientia legitimis potestatibus debita asseruimus, nolumus eo accipi sensu, ut a nobis dicta fuerint animo appugnandi novas civiles leges quibus rex ipse præstare potuit assensum utpote ad illius profanum regimen pertinentes, ac si per nos eo consilio allata sint ut omnia ad pristinum civilem statum redintegrentur, juxta quorumdam calumniatorum evulgatas interpretationes* » (1).

Ces nouvelles lois dont parle Pie VI, et contre lesquelles il déclare ne pas vouloir protester, tout le monde les connaît, puisqu'elles nous régissent encore, du moins dans leur esprit général, et le Pape traite de calomniateurs ceux qui l'accuseraient de

(1) Bref du 10 mars 1791 au cardinal de la Rochefoucauld.

rêver la restauration de l'ancien régime, *pristinum civilem statum.* Nous verrons, dans le cours de cet ouvrage, que les évêques de France étaient en parfaite communion d'idées avec le Souverain Pontife.

L'évêque d'Imola, élu à Venise, n'était pas encore arrivé à Rome que le Premier Consul avait gagné la bataille de Marengo.

Ce n'est pas un des spectacles les moins saisissants de l'histoire que la rencontre du nouveau Pontife et du jeune vainqueur de l'Italie sur la première scène du monde. Le Pontife, chef de l'antique et vénérable Église catholique, se trouvait en face d'un homme élevé au rang suprême à la suite de convulsions formidables qui avaient, en France, détruit les autels dont les débris attestaient la violence de l'orage. La France était « indomptée et rebelle », son maître de demain ne lui avait pas mis encore « un frein d'acier « pour la lancer, à bride abattue, sur tous les champs de bataille de l'Europe; elle était, au point de vue religieux, comme une immense plaine couverte de ruines à peine éclairées par les premiers rayons d'une gloire nouvelle.

Pie VII aimait trop l'Église pour ne pas souhaiter ardemment la restauration du culte, et l'attitude du vainqueur de Marengo à l'égard du clergé d'Italie lui laissait croire que, peut-être, ses espérances n'étaient pas vaines. De son côté, le Premier Consul avait l'âme trop haute pour ne pas comprendre la grandeur et l'importance de l'entreprise. Il savait gré au cardinal Chiaramonti de n'avoir pas fui devant les troupes françaises en 97, et il ne pouvait pas ignorer le célèbre mandement qui dénotait, dans l'évêque d'Imola, un esprit largement ouvert aux idées qui, alors, agitaient le monde.

Dans une allocution adressée au clergé de Milan, le 5 juin 1800, le général Bonaparte avait dit : « Les philosophes modernes se sont efforcés de persuader à la France que la religion catholique était l'implacable ennemie de tout système démocratique et de tout gouvernement républicain », et il était bien décidé à prouver que les philosophes se trompaient.

Pie VII et le Premier Consul étaient donc l'un et l'autre admirablement préparés à signer le pacte de réconciliation entre l'Église et un état démocratique et républicain. Mais, avant d'arriver au Concordat, que d'obstacles, que de difficultés en apparence insurmontables! On semble les avoir oubliés aujourd'hui; qu'on nous permette de les rappeler en peu de mots (1).

Le clergé était autrefois, en France, une puissance politique, le premier Ordre de l'État; ses revenus et ses possessions territoriales étaient considérables. La Révolution avait confisqué ses biens et anéanti sa puis-

(1) Nous ne parlons que des difficultés du côté de l'Église, mais elles étaient grandes aussi du côté de la France. L'entourage du Premier Consul se montrait résolument hostile à toute idée de réconciliation. Les compagnons d'armes de Bonaparte, *peu familiarisés avec les questions religieuses*, et imbus d'ailleurs des préjugés du XVIIIe siècle, lui donnaient le singulier conseil de se faire protestant ou de se proclamer chef d'une nouvelle religion. Bonaparte écrasait ses contradicteurs sous le poids de son éloquence entraînante, de son bon sens supérieur : « Je suis bien puissant aujourd'hui, disait-il, mais si je voulais changer l'ancienne religion de la France, elle se soulèverait contre moi et elle me vaincrait ».

sance politique; elle avait créé un schisme et élevé des constitutionnels sur les sièges des orthodoxes. Les conditions préliminaires du Premier Consul étaient : la déposition en masse de tous les évêques, un remaniement complet des anciennes circonscriptions ecclésiastiques, la ratification de la vente des biens nationaux ; le clergé ne serait plus un corps politique, et la désignation de ses chefs était dévolue au Premier Consul qui se réservait le droit de choisir quelques constitutionnels. Cette dernière clause fut introduite dans le cours de la négociation ; le Pape y consentit moyennant une rétractation de la part des constitutionnels.

On conçoit les angoisses du Souverain Pontife; la condition qui, à juste titre, lui semblait la plus dure, était le sacrifice des évêques restés fidèles.

Pie VII écrivait au Premier Consul: « Dispensez-moi de déclarer publiquement que je destituerai de vieux prélats qui ont souffert de cruelles persécutions pour la cause de l'Église. D'abord mon droit est douteux, secondement il m'en coûte de traiter ainsi des ministres de l'autel malheureux et exilés ; que répondriez-vous à ceux qui vous demanderaient de sacrifier ces généraux dont vous êtes entouré, et dont le dévouement vous a rendu tant de fois victorieux ». ?

A ces préoccupations si graves et si légitimes venaient s'ajouter les agissements d'une faction implacable, qui voyait avec douleur et dépit la réconciliation possible entre l'Église et la République française ; elle ne se dissimulait pas la force que la paix religieuse allait donner à un ordre de choses détesté, et elle essayait d'intimider le Souverain Pontife. Elle ne craignait pas de suspecter la pureté des intentions du Pape, et d'attribuer à des vues d'ambition terrestre le noble désir de panser les plaies de l'Église. Elle faisait afficher sur les murs de Rome

Pio VI per conservar la fede
Perde la sede
Pio VII per conservar la sede
Perde la fede.

Il en sera toujours ainsi. Quand l'Église, se souvenant de sa divine mission, ne consent pas à se mettre au service d'une passion ou d'un parti, quand elle se dégage de tous les liens où l'on voudrait la retenir captive, et que, s'élevant « au dessus du temps et du changement », elle n'aspire qu'à travailler au salut des âmes, ceux qui comptaient sur son appui pour restaurer un édifice détruit, l'accusent de trahir des intérêts sacrés.

Si Pie VII eût été un intransigeant ou un pusillanime, il aurait reculé devant les propositions du Premier Consul ou capitulé devant les attaques passionnées des anciens partis : il passa outre, et le Concordat fut signé.

Aujourd'hui on appellerait cela d'un nom nouveau et mal défini, on dirait : c'est de *l'opportunisme*. Dans le langage chrétien, cela s'appelle l'amour de la paix, le dévouement à l'Église et l'intelligence des temps.

Le cardinal Pecci, évêque de Pérouse, publiait en 1877, une première lettre pastorale sur *l'Église et la civilisation*. Il disait : « La société, étant composée d'hommes essentiellement perfectibles, ne peut demeurer immobile, elle progresse et se perfectionne », et, après avoir énuméré toutes les conquêtes de la science moderne, il ajoutait : « L'Église qui connaît tous ces progrès est si loin de vouloir y apporter obstacle, qu'à cette vue au contraire elle tressaille de joie et d'allégresse ». L'année suivante l'évêque de Pérouse publiait une nouvelle lettre sur le même sujet : « Si l'autorité vient de Dieu, disait-il, elle doit refléter la majesté divine pour être ainsi vraiment respectable, et la bonté de Dieu pour se faire accepter doucement de tous ceux qui lui sont soumis. Quiconque a donc dans ses mains les rênes du pouvoir, que ce soit un individu ou une personne morale, *qu'il tienne ses fonctions de l'élection ou de la naissance,* dans un état démocratique ou dans une monarchie, ne doit pas rechercher, dans le pouvoir, la satisfaction de son ambition, et le vain orgueil d'être au dessus de tous, mais au contraire le moyen de servir ses frères, comme le Fils de Dieu, qui n'est pas venu pour se faire servir mais pour servir les autres. Brèves maximes, mais dans lesquelles toutefois est renfermée la transformation du pouvoir la plus heureuse et la plus consolante qu'on pût désirer. Les rois des nations avaient étrangement abusé du pouvoir ; leurs convoitises n'avaient pas de bornes, et ils les assouvissaient en dévorant la substance des peuples et les fruits de leurs sueurs ; leurs volontés faisaient loi, et malheur à qui songeait à s'en affranchir ! Non contents de cela, ils prétendaient se faire donner des titres fastueux, lesquels, comparés à la réalité, n'étaient que de solennelles et cruelles ironies.

« Tout autre est le pouvoir qui ressort des enseignements chrétiens ; il est modeste, laborieux, attentif à favoriser le bien, contenu par cette grande pensée, qu'au jugement dernier des châtiments sont réservés à celui qui aura mal gouverné. Il est impossible de ne pas le voir, on se sent le cœur dilaté devant une image aussi noble de l'autorité, et l'obéissance qu'elle réclame et qui est indispensable à l'ordre et au progrès de la société perd toute amertume et devient facile et douce.

« Aux enseignements qui sont donnés sur

le pouvoir correspondent ceux qui concernent les personnes soumises à ce pouvoir. Si l'autorité tire de Dieu sa raison d'être, sa majesté, sa sollicitude à promouvoir le bien, il est impossible qu'il soit permis de se révolter contre elle, car ce serait se révolter contre Dieu. L'obéissance du sujet doit être franche, loyale, et provenir du sentiment intime et non de la crainte servile des châtiments ; elle doit apporter avec elle la preuve de sa sincérité, et faire accepter volontiers les sacrifices réclamés par celui qui tient en main le pouvoir dans l'intérêt de tous.

« Il vous sera arrivé plus d'une fois d'entendre de violentes accusations contre l'Église : ne vous la présente-t-on pas comme une ennemie de la liberté des hommes et comme la très humble servante de quiconque est assis sur le trône ? Vous pouvez maintenant apprécier la justesse de ces accusations ».

Le cardinal Pecci distingue ensuite entre l'obéissance due au pouvoir et la résistance légitime, quand il envahit le domaine sacré de la conscience ; il rappelle l'exemple des premiers chrétiens qui, sujets soumis, « ignoraient cependant l'art honteux de se plier aux caprices injustes des Césars ».

L'évêque de Pérouse terminait sa lettre pastorale en annonçant, à ses diocésains, la mort de Pie IX : quelques jours après il était élu Pape sous le nom désormais glorieux de Léon XIII.

Le mandement de l'évêque d'Imola pouvait faire pressentir le Concordat entre l'Église et la République française ; les lettres pastorales de l'évêque de Pérouse contiennent en germe un Concordat négocié sur des bases plus larges : la réconciliation entre l'Église et les temps modernes.

Léon XIII sait que l'Église n'est pas une borne placée devant l'humanité pour l'arrêter dans sa marche ; elle est un cercle dont le centre est immobile, mais dont la circonférence s'élargit et s'étend à mesure que les sociétés se développent. Le centre immobile est le dogme, nécessairement inflexible, et la circonférence est cette merveilleuse souplesse de l'Église qui lui permet de s'adapter aux exigences, aux besoins et aux aspirations des temps.

Ceux que déconcertent le génie et la hardiesse de Léon XIII nous rappellent les compagnons de Christophe Colomb s'efforçant de le ramener en arrière vers les vieux rivages, et ne voulant pas s'enfoncer plus avant avec lui sur cette mer qu'on appelait alors *la mer ténébreuse*. Christophe Colomb fut sourd à leurs supplications et à leurs menaces, et son obstination sublime lui valut la gloire de planter la croix du Christ dans un monde nouveau.

Avant son départ, le hardi navigateur avait comparu devant l'Université de Salamanque dont quelques docteurs « inclinaient à voir dans la théorie de cet étranger une innovation dangereuse couvant peut-être quelque hérésie », mais le dominicain Diego de Deza et le Nonce Scandiano prirent sa défense, et il s'en allait confier les angoisses de son génie à son ami le gardien du couvent de la Rabida (1).

L'évêque de Pérouse disait à ses diocésains en leur annonçant la mort de Pie IX :

(1) *Christophe Colomb*, par Roselly de Lorgues, tome I, ch. v.

« Priez Dieu qu'il daigne accorder promptement à son Église un nouveau Chef ; priez Dieu qu'il le couvre de sa protection, lorsqu'il sera élu, afin qu'il puisse au milieu des tempêtes en fureur, conduire au port si désiré la nacelle mystique confiée à sa direction ».

Comme Christophe Colomb marchant à la conquête d'un monde nouveau, Léon XIII dirige la barque de Pierre vers des terres nouvelles ; il la mène au large parce qu'il a entendu la voix du Maître : *Duc in altum*.

« Il semble bien que nous assistions à la rentrée en scène d'un des grands acteurs de l'histoire ; et, sur le grand théâtre d'où on l'avait crue à jamais bannie, la papauté aperçoit un personnage nouveau, bien différent de ceux auxquels, pendant mille ans, elle a donné la réplique. A la place des dynasties sacrées par ses mains, elle a en face d'elle la démocratie ; émouvante rencontre en vérité, et d'où dépend beaucoup le dénouement du drame des temps prochains. La papauté en a le sentiment, et, sans s'attarder à des discours inutiles, elle va droit à la démocratie, et de quoi lui parle-t-elle ? De ce qui tient le plus au cœur du peuple, de la question sociale » (1).

La démocratie est d'abord l'application, à l'ordre social, des quatre principes suivants :

1° L'égalité de tous les citoyens devant la loi.

Quand la loi est la même pour tous, qu'il s'agisse de protéger, de défendre ou de punir : quand, sans acception de personnes, elle fait pencher le plateau du côté de la justice, quels que soient, du reste, la situation ou le rang de ceux qui lui sont soumis ; quand, dans un État, il n'y a pas deux poids et deux mesures, lourds et étroits pour les petits, légers et larges pour les grands, cet État est en possession du principe fondamental de la démocratie dont les conséquences logiques sont :

2° La possibilité pour tous les citoyens d'arriver aux honneurs et aux fonctions sans autre titre que le mérite personnel.

3° La répartition proportionnelle des charges qui incombent à tous, c'est-à-dire l'égalité relative en matière d'impôt.

(1) M. Anatole Leroy-Beaulieu : *La papauté, le socialisme et la démocratie.*

4° Le droit accordé à tous d'émettre un avis, directement ou par délégués, quand il s'agit de la confection des lois ou de la forme du gouvernement.

Telles sont les grandes lignes de l'édifice social démocratique, telles sont les bases sur lesquelles, depuis cent ans, repose la société française. Si, pour résoudre le problème social, il suffisait d'appliquer ces principes, la solution serait facile ou plutôt il n'y aurait pas de problème, car personne aujourd'hui ne conteste sérieusement les maximes que nous venons d'énoncer.

Mais la démocratie contemporaine soulève des questions autrement difficiles et redoutables. Il ne lui suffit plus d'avoir été appelée à la vie politique; elle supporte impatiemment *le poids du jour et de la chaleur*, elle fait entendre des revendications qui touchent à ce qu'il y a de plus intime dans le mécanisme du corps social, et ses conquêtes, dans l'ordre politique, paraissent une ombre vaine auprès de la réalité vivante qu'elle aspire à conquérir.

Voilà le problème qui se pose aujourd'hui et qui, à juste titre, provoque les méditations des hommes préoccupés de l'avenir; c'est, en effet, l'avenir du monde qui est en jeu.

« Quiconque médite bien les voies par lesquelles la divine Providence guide l'histoire contemporaine ne peut pas manquer de reconnaître la part importante qu'y prend à présent, et que doit y prendre dans le futur, le pouvoir du peuple. Et puisqu'il est reconnu de tous que les grandes questions de l'avenir ne sont pas des questions de guerre, de commerce ou de finance, mais les questions sociales, les questions qui touchent à l'amélioration de la condition des grandes masses populaires, et spécialement des classes ouvrières, il est d'une importance souveraine que l'Église soit trouvée toujours et fermement rangée du côté de l'humanité, de la justice envers les multitudes qui composent le corps de la famille humaine » (1).

Il est impossible de ne pas le voir : la démocratie qui, il y a quelques années « coulait à pleins bords » envahit tout maintenant, elle ne s'arrêtera plus, elle est la

(1) Cardinal Gibbons : cité par M. M. de Voguë, *Spectacles contemporains*, p. 62.

grande puissance de l'avenir. C'est donc avec une intelligence profonde des nécessités et des besoins des temps que Léon XIII a pris cette attitude dont s'étonnent quelques esprits demeurés encore sous l'influence des préjugés d'un autre âge ; mais ceux qui ont conscience de la profonde transformation qui change le monde sont pénétrés d'admiration envers le grand Pontife dont la main habile et ferme tient le gouvernail de la barque de Pierre : « Le Pontificat romain est aujourd'hui personnifié dans la plus grande figure intellectuelle de l'Europe, dit Mgr Ireland, archevêque de Saint-Paul. On ne saurait être longtemps en contact avec la personne de Léon XIII, ou avoir étudié avec soin ses Encycliques, sans être bientôt frappé de la finesse et de l'acuité de son esprit, de la profondeur et de l'universalité de ses connaissances... Il a toutes les qualités pour être le Pontife de son temps, et il les met toutes à profit. Son nom passera à l'histoire comme celui d'un Pape qui a compris son époque et possède à la fois le courage et l'intelligence pour se placer au timon du navire, et le guider au milieu des flots les plus impétueux... Un nouvel esprit pénètre le monde... il est heureux pour l'Église et pour le monde entier qu'à cette époque de crise le gardien sur les hauteurs soit le pape Léon XIII » (1).

Si la démocratie qui occupe aujourd'hui une aussi grande place, et à laquelle appartient l'avenir, n'avait pas jeté de profondes racines dans le passé, il serait difficile de s'expliquer sa force et sa vitalité. Elle aurait disparu, comme passent les créations artificielles du génie humain, elle aurait sombré dans les tourmentes qui l'ont si souvent assaillie, elle serait un souvenir historique comme d'autres institutions qui paraissaient si vigoureuses et dont cependant elle a triomphé. Quelle est donc la cause de la résistance invincible de la démocratie ? Elle a survécu à tout parce que, avant d'être une force politique, elle est un fait social nécessaire.

L'édifice social se compose de trois parties distinctes : au sommet un chef, à la base le peuple, entre la base et le sommet des inter-

(1) Voir le journal « *le Monde* », 2 mai 1892.

médiaires qui sont le trait d'union entre le peuple et son chef. Ce chef n'est pas nécessairement un Roi, un Empereur, ou un Président, il peut être l'un ou l'autre ; le trait d'union n'est pas nécessairement une aristocratie héréditaire, des délégués élus peuvent parfaitement en tenir lieu ; mais à la base, il y a nécessairement le peuple. Si le peuple jouit de droits politiques déterminés par une constitution, cette constitution, comme toutes les choses humaines, est soumise aux lois du temps et du changement. Une révolution a donné au peuple des droits politiques, une contre-révolution les lui enlèvera ; à ce point de vue, il sera comme l'aristocratie, la monarchie ou la république, à la merci des orages. Mais le coup de vent qui emporte les formes politiques particulières n'a pas de prise contre une nation considérée en elle-même, abstraction faite de toute combinaison spéciale artificielle ; à moins que l'on ne suppose l'anéantissement de la nation.

A ce point de vue la démocratie est donc un fait social nécessaire. On aura beau la priver de tous ses droits, elle n'en existera pas moins ; à l'encontre d'une monarchie et d'une aristocratie, dont parfois il ne reste pas vestige quand la tempête a passé (1). C'est là la raison profonde de la puissance de la démocratie; mais, avant d'arriver à l'état où nous la voyons aujourd'hui, elle a suivi des fortunes diverses et elle a traversé bien des crises. Il ne sera pas sans intérêt

(1) « Est valde notanda differentia inter has species politicæ gubernationis, nam monarchia et aristocratia introduci non potuerunt sine positiva institutione divina vel humana, quia sola naturalis ratio nude sumpta non determinat aliquam ex dictis speciebus ut necessariam, unde cum in humana natura, per se spectata absque fide seu revelatione divina, non habet locum positiva institutio, de illis speciebus necessario concluditur, non esse immediate a Deo. At vero democratia esse potest absque institutione positiva, ex sola naturali institutione, seu dimanatione, cum sola negatione novæ, seu positivæ institutionis, quia ipsa naturalis ratio dictat, potestatem politicam supremam naturaliter sequi ex humana communitate perfecta, et ex vi ejusdem rationis ad totam communitatem pertinere, nisi per novam institutionem in alium transferatur, quia ex vi rationis neque alia determinatio locum habet, neque immutabilior postulatur » (Suarez : *Defensio fidei*, l. III, ch. II, § 8).

de décrire les phases de son évolution depuis ses premiers pas, faibles et chancelants, jusqu'au jour, où, reine triomphante, elle est venue s'asseoir sur les hauteurs d'où elle domine le monde.

« Cette démocratie moderne que Léon XIII voudrait ramener à Dieu et au Christ, elle a contre l'Église, contre la papauté, elle a contre le Christ et contre Dieu même, des préventions et des rancunes dont son orgueilleuse jeunesse n'a pas encore eu l'intelligence ou l'énergie de se défaire. Elle craint que l'Église ne la caresse que pour lui passer le licou autour du col; et ses injustes défiances, les papes et la hiérarchie catholiques ne les vaincront qu'à force de patience et à force de prudence » (1).

Non, ce n'est pas pour l'enchaîner que l'Église, dans la personne de son Pontife, va vers la démocratie, elle y va au contraire comme une mère va vers son enfant; la démocratie, en effet, est la fille de l'Église :

(1) M. Anatole Leroy-Beaulieu : *Léon XIII devant ses contemporains*, publication de M. Boyer d'Agen.

le peuple l'a oublié, et c'est pour le lui rappeler que nous avons écrit ces pages.

Si la démocratie se souvient, si elle comprend qu'après l'avoir enfantée, soutenue et toujours protégée, l'Église peut encore lui assurer un avenir heureux, la réconciliation sera faite, la paix sera signée, un Concordat nouveau unira l'Église à la société moderne, et la gloire en reviendra au grand Pontife qui vient d'allumer sur ces lointains rivages un phare dont la lumière se confond déjà avec celle des étoiles : *Lumen in cœlo.*

La rencontre de l'Église et de la démocratie est nouvelle, si on ne remonte pas dans l'histoire, au delà des deux siècles passés, et même pendant cette période, nous le démontrerons tout à l'heure, elles ne furent pas inconnues l'une à l'autre ; mais l'alliance entre l'Église et la démocratie est de date bien plus ancienne, elle a commencé avec l'Église elle-même. Relisons ces annales auxquelles Léon XIII a ajouté une page en écrivant son Encyclique *Rerum novarum.*

Le peuple autrefois s'est bien trouvé des secours que lui a apportés l'Église ; que le souvenir du passé soit, pour la démocratie, le gage du présent et l'espérance de l'avenir.

« Rome, comme toutes les villes de plaisir, cachait sous une face riante un fond de tristesse ; nulle part ne coulaient plus de larmes ; car nulle part il n'y avait moins de pitié. Les misérables y devinrent les premières conquêtes de saint Pierre... C'est à des désespérés, confondus avec l'animal, traités comme des corps sans âmes, que Pierre adressait ces étonnantes paroles : « Vous êtes une race élue, des prêtres rois, une nation sainte, un peuple que Dieu a fait sien pour que vous annonciez les grandeurs de celui qui vous a appelés, des ténèbres, à son admirable lumière ».

« On comprend la surprise et l'émotion de ces infortunés, leur empressement autour de l'apôtre. Si Pierre ne tenait pas encore ce sublime langage qui est celui de ses derniers jours, en termes plus familiers, il exposait la même doctrine, répandait les mêmes promesses, et sur l'heure les réalisait, car, dès qu'un noyau de fidèles put former dans Rome une Église, les esclaves y eurent les mêmes droits que leurs maîtres, mêmes biens, mêmes honneurs. Devenant égaux à eux par le baptême, leurs frères en Jésus Christ, ils participaient aux cérémonies du culte, assistaient ensemble à la prédication et aux saints mystères... L'esclave avait part à tous ces rites ; lui que Rome païenne estimait indigne de religion, et repoussait des autels où sacrifiait son maître, il se vit admis au plus intime du culte chrétien : sa gratitude répondit à de tels bienfaits. Elle fut constante parce qu'il trouva dans l'Église, outre l'égalité religieuse, des frères qui ne l'oubliaient pas, le sacrifice achevé, qui le consolaient tant qu'il demeurait sous le joug et lui prêtaient une aide précieuse au jour de la délivrance. La liberté, en effet, tant souhaitée par la classe servile, ne la mettait pas hors de misère; l'affranchi sortant de l'esclavage, sans argent, sans crédit, ses premiers pas dans le monde étaient mal assurés. *L'Église seule alors lui tendit la main.* Beaucoup vinrent à elle cherchant un centre de vie, une protection pour le temps présent, qui, par surcroît, en reçurent les biens éternels.

« Les causes qui tournèrent au christianisme les esclaves et les affranchis y attirèrent également le menu peuple, mercenaires et marchands. Cette classe de citoyens, pauvre mais active, se reformait en dehors du monde servile qui avait d'abord absorbé l'industrie. Dans ce monde besoigneux, l'union et les mutuels secours étaient une nécessité pressante ; mais quel moyen d'en trouver à une époque où les hommes d'État ne visaient qu'à restreindre les associations? » (1).

Voilà la première rencontre de l'Église et de la démocratie : l'Église lui donna la seule chose dont elle disposât alors, l'égalité religieuse et la liberté de l'âme.

Comme ce Pape (2), qui refusa de reconnaître sa mère revêtue de beaux habits, et qui la serra dans ses bras quand elle revint avec les marques de sa pauvreté native, l'Église n'a jamais rougi des glorieuses basses-

(1) M. l'abbé Fouard : *Les origines de l'Église*, ch. XVIII.

(2) Benoît XI.

ses de son origine. Quand, bien des siècles plus tard, elle devint riche et puissante selon le monde, ses Évêques animés de l'Esprit de l'Évangile, la dépouillaient de ces vains ornements, et le plus grand d'entre eux, Bossuet, en plein siècle de Louis XIV, enseignait que l'Église est, avant tout, la cité des pauvres, des indigents et des misérables (1).

Quoi donc d'étonnant si Léon XIII va aux peuples pour leur annoncer la bonne nouvelle ? La démocratie égarée par de faux prophètes et confiante dans sa force, est tentée de s'éloigner de l'Église qui fut sa Mère, et un Pape n'élèverait pas la voix pour lui faire entendre des accents où elle pourra reconnaitre le cœur de celle qui l'a enfantée ?

Ce n'est pas en effet le moindre honneur de l'Église d'avoir préparé la puissance nouvelle qui se lève sur le monde ; à l'Eglise appartient la gloire d'avoir répandu cette semence dont les ronces et les épines ont longtemps arrêté l'essor, mais qui est devenue aujourd'hui le grand arbre à l'ombre

(1) Voir le sermon sur *l'éminente dignité des pauvres dans l'Église.*

duquel se reposeront les générations à venir. Cette part de l'héritage sacré est trop belle pour que nous ne la revendiquions pas tout entière ; qu'il nous soit permis de prouver la valeur et la légitimité de nos titres de possession.

CHAPITRE PREMIER

LES IDÉES CHRÉTIENNES ET LES LOIS PAIENNES.

La loi des Douze Tables et le code Justinien. — L'orgueil des privilégiés; l'oubli des notions naturelles du juste et de l'injuste; une raideur inflexible; la déification de l'État sont les caractères généraux de la loi des Douze Tables. — Sous l'influence des idées chrétiennes, le principe d'égalité pénètre dans les lois. — Les lois remontent au vrai principe du droit, — elles s'humanisent. — Séparation des deux pouvoirs et liberté de la conscience.

Dire que l'avènement du christianisme a été la plus grande Révolution qui ait jamais changé la face du monde, c'est presque tomber dans la déclamation et le lieu commun; cependant il n'est pas inutile de faire remarquer que l'Évangile, laissant intactes les institutions politiques de son temps, s'occupa uniquement de transformer l'homme en l'élevant et en le purifiant. Il fut avant tout une régénération morale dont l'idéal était la perfection divine elle-même (1), perfection à laquelle l'homme doit aspirer par la pratique du précepte par excellence, le précepte de la charité. Aimez-vous les uns les autres parce que vous êtes tous frères, fils du même Père qui est au ciel, voilà le cœur même de l'Évangile.

Cette idée nouvelle devait s'emparer des âmes bien avant de pénétrer dans les lois; les progrès intimes de l'Évangile furent bien plus rapides que ses progrès pub[illegible] si l'on peut parler ainsi, mais il devait nécessairement arriver un moment où la révolution chrétienne aurait un contre-coup dans les législations humaines. S'il fallut du temps, beaucoup de temps pour mettre les lois au niveau des idées, on doit en rechercher la cause dans la résistance désespérée de l'esprit païen, esprit orgueilleux et dur, toujours en révolte contre les maximes humbles et charitables de l'Évangile. Cependant, malgré tout, le christianisme prenait possession du monde, et les lois durent compter avec

(1) Matth., v, 48.

lui. Nous allons constater les progrès de l'avènement social de l'Évangile, en comparant l'ancienne législation des Douze Tables avec le code de Justinien. Malgré de profondes et bien regrettables lacunes, l'influence chrétienne est évidente dans le code Justinien ; elles seront comblées peu à peu par le travail de l'Église et des siècles.

Les caractères généraux de la législation des Douze Tables sont :

1° L'orgueil d'une classe privilégiée pesant de tout son poids sur la plèbe méprisée : les esclaves ne comptaient pas, ils n'étaient pas des hommes ;

2° L'oubli total des notions naturelles du juste et de l'injuste remplacées par le fétichisme de la formule ;

3° Une raideur inflexible qui courbe sous un joug de fer les sentiments les plus profonds et les plus légitimes de la nature ;

4° La déification de l'État.

Tels sont, d'après M. Troplong (1), les

(1) *De l'influence du christianisme dans le droit civil des Romains.* Nous résumons fidèlement cet ouvrage du savant jurisconsulte.

caractères généraux de l'ancien droit romain.

1° Les patriciens se regardaient comme tellement supérieurs aux plébéiens, ils avaient établi, entre les deux classes sociales, une ligne de démarcation si profonde, que les mariages entre patriciens et plébéiens étaient rigoureusement interdits par la loi. Quand, plus tard, le tribun Canuleius proposa l'abrogation d'une loi aussi injurieuse pour le peuple, l'orgueil des patriciens se révolta : « Il n'y aura plus rien de pur, disaient-ils, on ne reconnaîtra plus ni soi ni les siens, ces mariages ne seront que des unions fortuites à la manière des brutes! » Tout le génie romain s'employa à maintenir la plèbe dans un état de soumission dégradante et, après l'expulsion de Tarquin le Superbe, son joug ne fut pas moins lourd que sous les rois (1).

(1) Voir C. Cantu : *Histoire universelle*, tome II. Le préjugé aristocratique était si tenace que lorsque Cæcilia Metella épousa, en secondes noces, celui qui fut plus tard le célèbre dictateur Scylla, alors consul (666), toute la ville s'indigna, et les sénateurs ne croyaient pas digne de la main d'une si grande dame celui qu'ils avaient jugé digne du

Quant aux esclaves, voici ce qu'en pensaient les Anciens : « Si un citoyen tue son esclave, dit Platon, la loi déclare le meurtrier exempt de peine, pourvu qu'il se purifie par des expiations ; mais si un esclave tue son maître, on lui fait subir tous les traitements qu'on juge à propos pourvu qu'on ne lui laisse pas la vie » (1). Aristote est plus impitoyable encore s'il est possible. « Il y a peu de différence dans les services que l'homme tire de l'esclave et de l'animal. La nature même le veut, puisqu'elle fait les corps des hommes libres, différents de ceux des esclaves, donnant aux uns la force qui convient à leur destination et aux autres la stature droite et élevée... Il est donc évident que les uns sont naturellement libres, et les autres naturellement esclaves, et que, pour ces derniers, l'esclavage est aussi utile qu'il est juste... (2) ». Or, du temps de Cicéron, cette abominable doctrine gardait encore toute sa vigueur, et cette lèpre hideuse était

consulat. Voir D. Guéranger : *Sainte Cécile et la société romaine*, ch. XII.

(1) *Des lois*, livre 9e.

(2) *Polit.* I, ch. 2.

tellement inhérente à la société païenne que Justinien lui-même n'osa pas y porter remède; il maintint l'esclavage légal. Les idées nouvelles avaient introduit sans doute de grands adoucissements dans le sort des esclaves que les chrétiens considéraient comme des frères (1), mais elles n'avaient pas pénétré encore assez profondément pour faire disparaître l'esclavage.

Quel ne dut pas être l'étonnement de ce monde haineux et corrompu, quand un étranger vint annoncer dans Rome une doctrine si différente de celle de ses philosophes. Il disait : « La terre est habitée par une grande famille de frères, enfants du même Dieu et régis par la même loi morale; depuis Jérusalem jusqu'aux confins de l'Espagne; les murs de séparation sont rompus, les inimitiés qui divisaient les hommes doivent s'éteindre. Le cosmopolitisme, qui est l'amour de l'humanité sur la plus grande échelle, succède aux haines des cités, et le christianisme ne fait acception ni de grecs, ni de barbares, ni de savants, ni de sim-

(1) Voir l'*Épître de saint Paul à Philémon*.

ples, ni de Juifs, ni de Gentils. Cette loi nouvelle qui vient rajeunir l'humanité n'a pas pour but de renverser l'autorité des puissances établies. Il est vrai qu'elle reconnait chez les faibles et les opprimés des droits que les grands doivent respecter. Aux maîtres elle commande la douceur et l'équité envers leurs serviteurs, aux pères elle dit de ne pas irriter leurs enfants. Mais elle ne brise pas violemment les institutions consacrées par le temps.

« Elle ne soulève pas l'esclave contre le maître, le fils contre le père, la femme contre l'époux. Elle veut positivement que les princes et les magistrats soient obéis.

« Mais le joug dont elle affranchit l'homme sans retard et sans ménagements, c'est celui de la matière et des sens afin de rendre au spiritualisme sa supériorité divine. Quels sont les fruits du matérialisme ? La dissolution, l'idolâtrie, les inimitiés, les meurtres... La société romaine n'offre-t-elle pas le douloureux spectacle de cette corruption ? Quels sont au contraire les fruits de l'esprit? La charité, la paix, la patience, l'humanité, la bonté, la chasteté. Que l'esprit ne s'éteigne donc pas ;

qu'il se substitue à la chair ; qu'il se substitue aussi à la lettre de la loi, car la loi nouvelle est spirituelle. Elle vit par la vérité et non par la forme, et ce n'est plus cette loi chargée de tant de préceptes et d'ordonnances dans laquelle l'esprit est en guerre avec la lettre. La loi nouvelle recommande aux hommes d'être unis par une communauté d'affection, d'avoir entre eux une tendresse fraternelle, de se regarder comme les membres les uns des autres, de s'aider par une charité sincère, de ne pas rendre le mal pour le mal, mais d'aimer le prochain comme soi-même, et de savoir que, quand un homme souffre, tous souffrent avec lui. Devant Dieu, tous les hommes sont égaux, tous ne forment qu'un même corps, Juifs, Gentils, esclaves, tous sont libres, ou appelés à un état de liberté. Car la Providence est égale pour tous, et la terre appartient au Seigneur avec tout ce qu'elle contient. Du reste, si la vérité doit être persécutée, que le chrétien ne se réfugie pas dans la mort volontaire comme le stoïcien ; mais qu'il souffre en bénissant ses persécuteurs, qu'il résiste et demeure ferme, qu'il s'arme en guerrier intrépide, du bouclier de la foi, du casque du salut et de l'épée spirituelle ».

« Telle est la morale qui allait se poser en face d'une société hérissée d'orgueilleuses inégalités » (1).

L'effet ne tarde pas à s'en faire sentir et le grand principe de l'égalité remplaça bientôt, dans les préoccupations des philosophes, les systèmes dégradants d'Aristote et de Platon.

Nous n'avons pas à nous prononcer dans la question tant discutée des rapports de Sénèque avec saint Paul, mais il est à peu près impossible que l'attention du philosophe n'ait pas été attirée par la prédication de l'Apôtre. Avant même l'arrivée de ce dernier à Rome, Gallien, frère aîné de Sénèque et proconsul d'Achaïe, avait été appelé à juger un différend entre saint Paul et les Juifs de Corinthe ; les deux frères étaient intimement unis, et il est difficile de supposer que Gallien n'ait jamais parlé, d'un des évènements les plus importants de son administration, à son frère qu'il savait curieux et avide de

(1) Nous avons emprunté à M. Troplong ce résumé très exact des épitres de saint Paul.

questions doctrinales. Saint Paul prêcha librement dans Rome pendant deux ans, et sa parole eut un si grand succès qu'elle pénétra jusque dans le palais de l'empereur. Comment Sénèque aurait-il pu ignorer l'existence d'une doctrine répandue déjà dans tous les rangs de la société? On est donc parfaitement autorisé à reconnaître, dans les écrits de Sénèque, un écho de la voix de saint Paul. Il parle de Dieu comme jamais païen n'en avait parlé avant lui ; il voit dans tous les hommes une parenté naturelle qui est presque la fraternité universelle, et il revendique pour l'esclave la même origine que celle de l'homme libre. Les Pères de l'Église étaient donc dans le vrai quand ils disaient *Seneca noster;* il leur appartenait, en effet, car le christianisme avait profondément modifié les doctrines du philosophe.

Les jurisconsultes, pas plus que les philosophes, n'échappèrent à l'influence vivifiante et libératrice du christianisme : « La servitude, dit Florentius, est un établissement du droit des gens par lequel quelqu'un est soumis au domaine d'un autre *contre la nature.* La nature a établi entre les hommes une certaine parenté ». Ulpien déclare que « par le droit naturel tous les hommes naissent libres ».

Après avoir rappelé ces déclarations si nouvelles sur les lèvres des philosophes et des jurisconsultes, M. Troplong fait remarquer avec infiniment de raison, que, les attribuer à la simple évolution de la pensée humaine pour n'y pas voir l'influence du christianisme, c'est « faire violence à toutes les vraisemblances ». La religion nouvelle se répandait avec une prodigieuse rapidité, et seuls les philosophes et les jurisconsultes n'auraient pas aperçu quelques clartés de la lumière qui se levait! Si la philosophie du droit est entrée en possession des grands principes d'égalité et de liberté qui sont la base du Christianisme, si elle a protesté, au nom de la nature, contre la plus terrible des inégalités sociales, c'est qu'elle a été l'écho des maximes de l'Évangile (1).

Les adoucissements, dans le sort des esclaves, marchent de pair avec les idées chrétiennes, et l'avènement de Constantin fut le signal d'un grand pas en avant vers

(1) *Id.*, *op. cit.*

une ère d'émancipation et de liberté. Par la Constitution de 312, le premier empereur chrétien déclare coupable *d'homicide* le maître qui tue son esclave. Les esclaves furent donc dès lors des hommes, de bêtes de somme qu'ils étaient auparavant. Sous l'influence de ces mêmes pensées, Constantin favorisa les affranchissements qu'il confia surtout à l'Église ; les clercs reçurent des privilèges spéciaux pour accorder aux esclaves la liberté pleine et entière ; l'empereur savait que, de tous ses sujets, les clercs étaient les plus favorables à l'émancipation. Autant sous le règne des Douze Tables une politique ombrageuse avait restreint le droit de manumission, autant il fut élargi sous Constantin.

Ce n'était pas assez pour l'esprit chrétien d'avoir fait des esclaves des hommes d'abord, et ensuite d'avoir accéléré leur marche vers la liberté, il voulut aussi, pour les affranchis, l'égalité. C'est la gloire de Justinien d'avoir déclaré que tous les hommes libres sont égaux devant la loi. Cet immense progrès n'étonne pas quand on lit en tête des *Institutes :*

In Nomine Domini Nostri Jesu Christi.

Ainsi furent abolies les distinctions orgueilleuses des lois des Douze Tables : grâce au Christ qui avait affranchi le monde, tous les hommes libres, furent égaux devant la loi comme ils le sont devant Dieu.

Si Constantin et Justinien conservèrent encore l'esclavage légal c'est, dit M. Troplong, parce que « d'aussi grandes révolutions ne s'accomplissent pas par une vertu soudaine ; des siècles de préparation sont nécessaires pour qu'elles arrivent à leur maturité... Il a fallu que le Christianisme, pénétrant plus profondément dans les esprits, ait humanisé le maître à un plus haut degré... »

2° Le second caractère de la loi des Douze Tables est un oubli total des notions naturelles du juste et de l'injuste remplacées par le fétichisme de la formule.

Cette question soulève les problèmes si graves de l'origine, de l'autorité et de la valeur morale de la loi. Tout homme devant évidemment se soumettre aux lois, il est naturel de rechercher à quelles sources elles puisent le droit de dicter des ordres devant lesquels il n'y a plus qu'à s'incliner.

Nous sommes trop jaloux de notre liberté pour qu'il ne soit pas permis de demander ses titres à un maître aussi impérieux. Or, « d'après la loi des Douze Tables, ce qui oblige l'homme, ce n'est pas la conscience, ce n'est pas la notion du juste et de l'injuste ; c'est la parole, c'est la religion de la lettre : *uti lingua noncupassit, ita jus esto*... Ne cherchons pas, dans ce droit primitif, l'action efficace de l'équité naturelle, et cette voix de l'humanité qui parle si haut chez les peuples civilisés. La notion simple et naïve du juste et de l'injuste y est défigurée par la farouche enveloppe d'institutions qui sacrifient la nature à la nécessité politique, la vérité innée aux artifices légaux, la liberté aux formules sacramentelles » (1).

La conscience se révolte contre une semblable consécration de la force. La loi sera donc *ce qui est écrit*, et nous n'aurons pas à demander si ce qui est écrit est juste ou injuste, honnête ou honteux, raisonnable ou

(1) *Id. ibid.*

absurde? La formule doit tenir lieu de tout, et malheur au téméraire qui tenterait de secouer le joug au nom d'une loi plus haute gravée en traits indélébiles au plus profond du cœur de tous. Les Douze Tables sont la conjuration d'une aristocratie toute puissante et jalouse s'efforçant d'étouffer les notions fondamentales de l'équité naturelle, afin que la plèbe avilie ne songeât même pas à protester au nom de la justice et du droit.

Mais la force s'use, les formules perdent leur prestige et le droit longtemps méconnu finit toujours par triompher. Cicéron eut la gloire de prendre sa défense: « Il fut l'un des plus ardents apologistes de la loi naturelle, de l'équité. Préteur, il se vantait de la placer en tête de ses édits. Philosophe et homme d'État, il déclare que ce n'est pas dans les Douze Tables qu'il faut aller chercher la source et la règle du droit, mais dans les profondeurs de la raison ; que la loi est l'équité, la raison suprême gravée dans notre nature, inscrite dans tous les cœurs, immuable, éternelle, dont la voix nous trace nos devoirs, dont le Sénat ne peut nous affranchir, dont l'empire s'étend à tous les peuples ; loi que Dieu seul a conçue et publiée ».

On ne peut pas décrire, en traits plus précis, le caractère sacré de la loi. Si elle est immuable et éternelle, elle vient donc de Celui qui est immuable et éternel, si le Sénat ne peut pas nous en affranchir elle plane donc au dessus de toutes les assemblées ; si son empire s'étend à tous les peuples, elle vient donc de Celui qui, seul, est au dessus de tous les peuples : en d'autres termes, elle vient de Dieu. Si, par les seules forces de sa raison, un païen a su s'élever jusqu'à cette conception superbe de la loi, les jurisconsultes qui fleurirent après Cicéron montent « de plus en plus vers une philosophie spiritualiste qui proclame le gouvernement de la Providence divine, la parenté de tous les hommes, la puissance de l'équité naturelle ». Quelle a été la cause de cette ascension de la philosophie du droit qui laisse si bas et si loin la nation matérialiste des Douze Tables ? M. Troplong nous l'indique: « La croix sur laquelle Jésus Christ avait été immolé était devenue l'étendard d'une religion qui allait régénérer le monde, et les Apôtres étaient partis de la Judée pour apporter aux nations la parole évangélique ». Cette parole fit éclater le moule trop étroit d'une législation âpre et formaliste comme elle avait brisé le cercle dans lequel les pharisiens auraient voulu retenir la religion captive, et il y avait déjà un siècle et demi que le christianisme professait ouvertement les vérités qu'on admire dans les livres d'Ulpien. Ce jurisconsulte donnait du droit cette définition un peu large peut-être, mais qui marque les progrès accomplis : « *Divinarum atque humanarum rerum notitia, justi atque injusti scientia* ».

Il veut que le droit soit d'abord la connaissance des choses divines, afin de bien affirmer l'origine sacrée des lois, et il enseigne qu'il faut se placer à cette hauteur pour acquérir la science du juste et de l'injuste. Quand Justinien parut « le monde n'appartenait plus à Rome ; il était acquis à la foi catholique. Le temps était donc venu d'en finir avec le fétichisme du droit strict, si contraire à l'esprit chrétien, et qui n'avait que trop retardé le développement du droit naturel. Justinien l'attaqua corps à corps, le pourchassa dans tous les replis de la jurisprudence, au profit de l'équité... » Il emprunta à ses prédécesseurs « tout ce qui lui parut de droit cosmopolite, et rejeta tout ce qui portait un caractère trop romain... chrétien et homme de son temps, il osa trancher dans le vif les racines d'un passé aristocratique et païen » (1).

Pour apprécier les progrès effectués, grâce à l'influence chrétienne, jetons un rapide coup d'œil sur les principes proclamés par Justinien (2).

La définition de la justice est si belle qu'elle a été adoptée par le plus grand des théologiens catholiques, saint Thomas d'Aquin : *Justitia est constans, et perpetua voluntas jus suum unicuique tribuendum.*

La justice est « la volonté » c'est-à-dire une habitude de la volonté qui nous incline à respecter les droits de tous et de chacun.

(1) *Id.*

(2) Nous ne nous occuponsque de la partie philosophique : la jurisprudence proprement dite est étrangère au but que nous nous sommes proposé.

Pour être juste il ne suffit donc pas d'émettre des actes justes, il faut, en outre, avoir l'intention d'être juste sans se laisser influencer par un autre mobile que le désir de respecter le droit. Cette volonté est « ferme et constante », c'est-à-dire que notre résolution ne doit pas être intermittente et capricieuse, mais inébranlable dans sa voie, sans fléchir sous le poids de l'intérêt, de la faveur, de la sympathie ou de la haine. L'objet de la justice est le respect du droit de tous et de chacun.

Le droit, considéré comme jurisprudence, est l'art et la science du juste et du bien *ars æqui et boni*. Le droit naturel est celui que l'auteur de la nature a gravé dans la conscience de tous, et ses prescriptions nous sont révélées par les lumières de la raison; il est la source du droit positif c'est-à-dire des lois qui appliquent, à des cas particuliers, les prescriptions générales du droit naturel. Le droit naturel est immuable, le droit positif peut varier, pourvu que ses modifications ne soient pas contraires au droit naturel: « *Naturalia quidem jura, quæ apud omnes gentes peræque observantur divina quadam*

Providentia constituta, semper firma atque immutabilia permanent ; ea vero quæ ipsa sibi quæque civitas constituit sæpe mutari solent, vel tacito consensu populi, vel alia postea lege lata » (1).

Un savant commentateur des « Institutes » fait, sur ce texte, les réflexions suivantes : « C'est de la raison politique de chaque État que le droit civil prend sa force et tire son origine (2). Aussi est-il sujet à toutes les variations qui peuvent le faire changer. Les circonstances diverses, les évènements différents peuvent faire devenir préjudiciable et nuisible, ce qui, jusqu'alors, avait été très utile. Il ne faut donc pas s'étonner si l'on voit des souverains abroger des lois anciennes et en faire de nouvelles... Il n'en est pas de même du droit naturel ; les précieuses émanations de la raison souveraine, que saint Augustin appelle la Loi éternelle, sont fondées sur une justice aussi immuable que Dieu même, qui en est la règle et le principe ; voilà

(1) *Institutes* : liv. I, tit. 2.

(2) L'auteur parle évidemment de l'origine *immédiate* du droit civil.

pourquoi ni l'immense volubilité des siècles, ni la perpétuelle vicissitude des choses humaines ne peuvent y apporter aucun changement. Personne ne peut aussi les abolir : leur autorité, qui est celle de Dieu, s'étend aussi bien sur les souverains que sur leurs sujets... Le droit naturel est une loi de sentiment que Dieu a imprimée dans notre âme, dont la raison fait en nous la promulgation à mesure que l'âge permet qu'elle se développe. Ainsi prétendre l'ignorer, c'est se déclarer privé de la raison commune » (1).

La loi ne doit jamais être contraire au droit naturel dont Dieu seul est la source, et par conséquent Dieu seul est le principe du pouvoir législatif : c'est là ce qui fait le caractère sacré de la loi.

Les préceptes généraux du droit naturel sont : *honeste vivere, alterum non lædere, suum cuique tribuere* (2).

On le voit, nous sommes loin du formalis-

(1) Nouvelle traduction des *Institutes* par Joseph de Ferrière, doyen des docteurs de la faculté de droit de Paris (1771).

(2) *Institutes*, liv. I, titre I.

me étroit des lois des Douze Tables : la lettre qui tue a fait place à l'esprit qui vivifie.

3° La loi civile n'est juste et vraie qu'à la condition de ne pas méconnaître les exigences du droit naturel ; car, comme tout autre pouvoir, sa seule raison d'être est de consacrer et de protéger le droit. Parmi les exigences du droit naturel l'une des plus impérieuses est évidemment celle qui préside à la constitution de la famille ; or, d'après l'ancien droit romain, la famille reposait sur une fiction légale singulièrement arbitraire. Il avait imaginé en effet comme deux sortes de mariages : le mariage proprement dit, *justæ nuptiæ, justum matrimonium* et la confarréation et la coemption.

Ce qui constituait la famille romaine ce n'était pas le mariage, quelque régulier qu'il pût être, *justæ nuptiæ*, c'étaient les formalités de la confarréation ou de la coemption. La mère des justes noces demeurait étrangère à la famille de son mari et de ses enfants tant que ces formalités n'avaient pas été remplies.

Dans la confarréation on offrait un pain de froment en présence de dix témoins : pour la coemption la femme portait trois pièces de monnaie, elle en donnait une à son mari, elle plaçait l'autre sur l'autel des dieux Lares, et elle jetait la troisième. Jusqu'alors la femme était restée dans sa propre famille, sous le nom de *matrona*, étrangère à ses propres enfants ; elle devenait *materfamilias* lorsqu'après avoir accompli les formalités susdites elle entrait dans la famille de son mari, passait sous sa puissance et devenait, non sa compagne, mais sa chose. La puissance du mari était formidable ; il était le maître de la personne et des biens de sa femme « à peu près comme si la conquête l'eût mise dans ses mains ».

La famille romaine ne repose donc ni sur le sang ni sur la nature. « C'est le lien civil de la puissance qui unit ses membres et maintient leur agrégation. C'est ce lien d'emprunt qui est leur signe de reconnaissance et leur point de ralliement. On n'est pas dans la famille parce qu'on est fils, ou épouse ou parent, mais parce qu'on est fils en puissance, épouse en puissance, parent par la soumission à une puissance actuellement commune ou qui serait telle si le chef vivait encore ».

La puissance du père est égale à celle du mari « elle absorbe, dans le père, la personne du fils et le cri du sang trouve Rome sourde et impassible » (1). Ces lois étaient la consécration de la force, le mépris des faibles, les *ferrea jura* de Virgile, et Corneille n'a rien exagéré quand il fait dire à Curiace :

> Je rends grâces aux dieux de n'être pas Romain,
> Pour conserver encor quelque chose d'humain.

Ces chaînes si lourdes imposées à la femme et le soin jaloux avec lequel la législation romaine la maintenait dans une perpétuelle sujétion, furent impuissants à sauvegarder la dignité de la famille. Il y eut sans doute quelques rares et nobles exceptions, mais la dissolution devint telle qu'une des principales préoccupations d'Auguste fut de chercher un remède pour arrêter, par des lois nouvelles, la société romaine sur la pente où elle glissait dans l'abîme.

Le Christianisme fut pour la femme ce

(1) M. Troplong : *ibid. passim.*

qu'il avait été pour le peuple ; le signal de l'affranchissement et de la dignité reconquise. L'édit de Constantin, en 321, reconnut aux femmes, en matière de contrat, des droits égaux à ceux des hommes, et « Justinien fit disparaître jusqu'au souvenir de leur ancienne dépendance ». Nous ne pouvons nous empêcher, dit M. Troplong, de reconnaître dans tout ceci le passage du christianisme qui, dans sa morale et dans son culte, a donné à la femme un rôle si élevé. Il est en effet, très digne de remarque, que depuis l'extension du christianisme, les femmes ont pris, dans la vie active, une position qu'elles n'eurent jamais sous le règne du patriciat romain et des premiers Césars. On sait ce qu'il en coûta à Agrippine pour avoir voulu donner à l'Empire le premier exemple d'une femme entrant dans la direction des affaires de son pays. Mais le christianisme dut nécessairement tempérer ces idées d'exclusion, et tirer les femmes de la situation inerte dans laquelle les préjugés nationaux les condamnaient. Tous les témoignages, amis ou ennemis, nous démontrent que la religion chrétienne se servit surtout de l'influence des femmes (1) pour pénétrer dans le monde païen et arriver auprès du foyer et dans l'intérieur de la famille. Ici les divorces pour raison de christianisme; là les martyres, souvent les conversions dues à leur zèle; de tout côté leur présence, leur dévouement; que faut-il de plus pour donner la preuve irrésistible, éclatante, de la part qu'elles prirent dans la révolution morale qui agitait les esprits? Or, il est évident qu'un tel travail de persuasion et de résistance, qu'un tel élan de prosélytisme, hors des habitudes passives, ont singulièrement accru la puissance des causes qui portaient les femmes vers l'indépendance. Et Constantin et ses successeurs ont bien su ce qu'ils faisaient quand ils les ont dotées d'une sage émancipation. Ils ont récompensé en elles des auxiliaires influents; ils ont voulu qu'elles participassent aux bienfaits politiques de la religion chrétienne, elles qui avaient contribué à en préparer les progrès et qui pouvaient encore en agrandir le développement...

(1) *Si qui non credunt verbo, per mulierum conversationem sine verbo lucrifiant*, I, p. III.

« Dans le système du christianisme, la femme a une mission à remplir ; elle doit travailler comme l'homme pour le service du Seigneur; elle a la même dignité morale que l'homme. Il faut donc qu'elle sorte de cette inutilité à laquelle l'ancienne Rome la réduisait, renfermée qu'elle devait être dans une vie monotone et étrangère à la marche du mouvement social. La doctrine nouvelle lui fait au contraire un devoir d'agir, d'exhorter, d'user de son ascendant communicatif, de partager les combats des martyrs, de monter intrépide comme eux sur le bûcher... jetée désormais dans la vie militante, elle doit s'y tenir avec le courage des héros, avec la ferveur des missionnaires. Voilà, si je ne me trompe, un système complet d'émancipation et d'égalité morale » (1).

L'ancien droit était donc comme une épaisse armure faite par la main des forts, et dans laquelle les faibles devaient entrer bon

(1) *Ibid.* Le christianisme eut, sur le sort des enfants, le même effet que sur celui des femmes : nous n'entrons pas dans le détail pour ne pas trop prolonger cette *discussion.*

gré mal gré ; sous l'influence du christianisme, le nouveau droit eut égard aux exigences légitimes de la nature. Ce n'est pas l'homme qui est fait pour la loi civile, c'est au contraire la loi qui doit s'adapter à l'homme. Avant d'édicter des lois, il faut connaître ceux qu'elles régissent, et Justinien a émis le principe vrai quand il a dit : « *Parum est jus nosse, si personæ quarum causa constitutum est ignorentur* ». Qu'importe la science du droit si on ne connaît pas les hommes qu'il doit régir !

Dans la question de l'émancipation, les lois ne marchèrent pas aussi vite que les idées chrétiennes ; elles méconnurent longtemps le droit des mères à la tutelle de leurs enfants ; il faut aller jusqu'à Justinien pour trouver la réparation de cette injustice. Il ne se contenta pas de proclamer le droit des mères sur leurs enfants, il s'efforça d'entourer leurs biens de garanties suffisantes pour les mettre hors d'atteinte.

La loi *Julia* défendait au mari d'aliéner, contre la volonté de sa femme, le fonds dotal situé en Italie, et de l'hypothéquer même de son consentement ; Justinien étendit ces prohibitions aux biens dotaux situés dans les provinces, et il défendit l'aliénation et l'hypothèque, faites, même du consentement de la femme (1). C'est ainsi que le législateur a voulu prémunir la femme contre la faiblesse de son sexe exposé à céder aux sollicitations d'un mari cupide : « *Ne sexus muliebris fragilitate in perniciem substantiæ earum convertantur* » (2). Pour compléter son œuvre Justinien aurait dû proclamer la nécessité du consentement de la mère pour le mariage des enfants ; il n'en eut pas le courage. L'époux de Théodora qui, pour la main d'une comédienne, avait résisté aux larmes et aux supplications de sa mère Vigilantia, laisse à des législations plus chrétiennes le soin de consacrer, dans toute leur plénitude, les droits et les prérogatives des mères.

(1) Dans les *Novelles* Justinien permet l'aliénation, mais il y met trois conditions : 1° que la femme ait consenti au moment de l'aliénation ; 2° qu'elle ait réitéré son consentement deux ans après ; 3° que les biens du mari soient suffisants pour répondre des biens de la femme.

(2) *Institutes*, l. II, titre VIII.

4° Nous sommes tentés de nous étonner que les idées chrétiennes n'aient pas été assez fortes au VIe siècle pour permettre à Justinien d'abolir l'esclavage ; mais notre étonnement cessera si nous songeons qu'aujourd'hui deux conceptions essentiellement païennes ne sont pas anéanties encore après dix huit siècles : nous voulons parler de l'omnipotence de l'État en matière de propriété et de conscience. Sans doute elles sont atténuées et, grâces à Dieu, elles ont perdu de leur ancienne vigueur, et cependant il est encore des esprits si peu chrétiens qu'ils admettraient sans beaucoup de difficulté la notion monstrueuse de l'État source du droit de propriété (1), et maître de la conscience.

Avant le christianisme « c'était du droit de l'État que découlait le droit du propriétaire privé; et la légitimité du premier faisait la légitimité du second... Dans les provinces, une fiction civile supposait que le sol provincial appartenait au peuple romain,

(1) Nous y reviendrons quand nous traiterons de la question sociale.

propriétaire suprême, tandis que les détenteurs n'en avaient que la possession, l'usufruit... » (1).

Cette théorie sur la propriété ne ressemble-t-elle pas à celle de Louis XIV dans ses *instructions au Dauphin :* « Les rois sont seigneurs absolus et ont naturellement la disposition pleine et entière de tous les biens qui sont possédés aussi bien par les gens d'Église que par les séculiers pour en user en tout temps comme de sages économes ».

Ce n'est pas la seule fois que nous aurons à signaler ce triste retour vers les idées païennes.

On comprend que les chrétiens n'aient pas accepté cette doctrine sur l'origine du droit de propriété ; pour eux la terre est à Dieu qui a dit à l'homme : *Subjicite eam et dominamini.* Le droit de propriété est donc concédé par Dieu, c'est un droit naturel antérieur à celui de l'État. S'il s'agit de déterminer ce droit et de l'appliquer à un cas particulier, c'est-à-dire à telle propriété, il faut recourir *au travail*, source immédiate et sacrée du droit de propriété. Nous aurons à revenir sur

(1) Troplong, *ibid.*

cette question importante, contentons-nous de rappeler ici que Justinien a rétabli la propriété sur sa véritable base en proclamant, dans l'espèce, l'antériorité du droit naturel sur le droit civil, celui-ci n'ayant pour but que de protéger celui-là : « *Palam est autem vestustius esse jus naturale quod cum ipso genere humano rerum natura prodidit. Civilia autem jura tum esse cœperunt cum et civitates condi et magistratus creari et leges scribi cœperunt* » (1).

L'empereur a soin de rappeler ce qu'il a dit précédemment sur le droit naturel qui n'est que l'expression de la volonté divine, d'où il suit que le droit de propriété vient de Dieu, que la loi civile le règle, l'organise, le protège, mais ne le crée pas.

Le droit exhorbitant, que l'État s'était arrogé sur la propriété, n'est cependant rien à côté de celui qu'il prétendait exercer sur les consciences : « Rome exige que le citoyen abdique jusqu'à sa raison intime » (2). L'État était Dieu, César était son pontife ou

(1) *Institutes*, l. II, tit. I.
(2) M. Troplong, *ibid.*

plutôt il était lui-même un dieu. En recommandant à ses fidèles de rendre à César ce qui est à César et à Dieu ce qui est à Dieu, le Christ brisa le double sceptre du pouvoir monstrueux usurpé par l'État païen.

De toutes les chaînes forgées par le paganisme, aucune n'était plus lourde que celle qui pesait sur la conscience humaine. L'État avait la prétention d'être le maître là comme ailleurs ; mais si la servitude est dégradante, c'est surtout quand elle porte une main sacrilège sur les droits sacrés de la conscience. Le christianisme fit circuler l'air pur, la lumière et la liberté, dans ce cachot où César retenait l'âme captive, et pour témoigner leur reconnaissance au Libérateur, les nouveaux affranchis moururent avec joie en rendant à Dieu ce qui est à Dieu. Mais pourquoi mourir puisqu'ils rendaient à César ce qui est à César ? N'était-ce pas assez d'obéir aux lois, d'être sujets fidèles, de payer l'impôt, d'être, en un mot, des citoyens respectueux et irréprochables ? Non, car l'empereur-dieu ne pouvait pardonner au christianisme de lui avoir ravi un pouvoir usurpé, mais auquel il tenait par dessus tout. Le pouvoir est, de sa nature, trop jaloux de ses prérogatives, même les plus illégitimes, pour se les laisser arracher sans résistances, et les résistances sont toujours en raison directe de la grandeur et du prix de l'objet en litige. Rien au monde n'est évidemment comparable à la liberté de la conscience, au droit sacré de rendre à Dieu ce qui n'appartient qu'à Dieu ; on sait ce qu'il en coûta aux chrétiens pour conquérir cette liberté, et revendiquer ce droit ; les Césars mirent trois siècles à comprendre que leur empire sur les consciences était fini. Constantin crut devoir laisser Rome au représentant du pouvoir nouveau, et Justinien écrivit dans ses lois que désormais les choses divines relevaient d'un autre plus grand que lui (1).

Malgré l'acte de Constantin, transportant le siège de son pouvoir à l'extrémité de l'Empire, malgré les déclarations de Justinien, les

(1) « *Nullius autem sunt res sacræ et religiosæ et sanctæ. Quod enim divini juris est, id nullius in bonis est* » (*Institutes*, l. II, tit. I, § 7).

Césars, quels que soient leurs noms et la date de leur règne, n'ont jamais pris leur parti de cette révolution accomplie par le Christianisme. Ils ont toujours plus ou moins rêvé de reconstituer leur puissance sur une base païenne ; de toutes les libertés, la liberté de conscience est celle qu'ils ont *octroyée* avec le plus de regrets, et leurs constants efforts ont eu pour but de reprendre ce sceptre que l'Église leur avait arraché. Il ne faut pas s'y tromper ; c'est là la cause profonde des luttes et de l'antagonisme entre l'Église et les pouvoirs de ce monde. Si l'Église leur abandonnait la direction des consciences, si elle leur permettait d'empiéter sur ce domaine inviolable, elle aurait acheté la paix au prix d'une apostasie. Cela, elle ne le fera jamais.

Elle est donc une rivale et une rivale préférée, car le Christianisme a fait comprendre aux peuples qu'il faut rendre à Dieu seul ce qui n'appartient qu'à Dieu. Les Pouvoirs ont toujours regardé d'un œil jaloux une puissance dont l'action s'étend sur une sphère bien supérieure à celle où leur voix a le droit de se faire entendre, et ils ont rarement résisté à la tentation de reprendre, au profit de César, ce qui est à Dieu. Ils ont employé tantôt la violence, quelquefois la ruse, plus souvent des prétextes en apparence plausibles, mais dont les motifs vrais étaient l'ardent désir de mettre la main sur les choses sacrées : « Quand les rois se mêlent de religion, disait Fénelon, au lieu de la protéger, ils la mettent en servitude..» (1). Protéger la religion, voilà le prétexte, la mettre en servitude, voilà le but.

L'État a incontestablement le devoir de faire respecter tous les droits et de protéger toutes les libertés ; il n'a pas d'autre raison d'être ; or, la liberté et les droits de la conscience priment tous les autres, car ils sont l'expression de ce qu'il y a de plus noble dans le cœur de l'homme. L'État manque donc à sa mission quand il met obstacle à leur expansion légitime ; mais, si la protection est une confiscation déguisée, si César empiète sur le domaine de Dieu, il usurpe un pouvoir qui ne lui appartient plus depuis que le Christ a affranchi la conscience.

On peut comprendre maintenant quel est,

(1) *Œuvres complètes*, tome III, p. 570.

pour l'Église, le terrain le plus favorable à l'épanouissement de sa liberté.

Un pouvoir absolu, après avoir absorbé toutes les libertés politiques d'un pays, se trouve en face de la liberté de conscience, seule force qui lui résiste encore ; il lui sera difficile de ne pas tenter des entreprises pour ajouter à sa couronne un joyau qui lui manque, mais auquel il n'a pas droit. D'autre part, les peuples désarmés seront dans l'alternative ou de résister ouvertement à leurs risques et périls, ou d'accepter la situation abaissée qui leur est faite. Sans doute, les hommes énergiques et d'une foi ardente ne capituleront jamais, mais d'autres ne seront-ils pas exposés à des compromissions toujours coupables quand elles portent atteinte au droit de Dieu ?

Supposez au contraire un pays doté de libertés publiques ; grâce à elles les droits de la conscience, comme tous les autres, seront à l'abri. Si le pouvoir empiète, les citoyens sont armés, et leurs revendications légitimes finissent par triompher d'un arbitraire d'autant plus facile à vaincre, qu'il est en contradiction avec les lois, les habitudes et les tendances d'un peuple libre. Dans sa magnifique lettre à l'évêque de Grenoble, Léon XIII a recommandé aux catholiques de se servir de ce glaive nouveau : « S'ils ne peuvent lutter, dit-il, avec des armes matérielles semblables à celles des croisés, ils ont la liberté ».

L'incompétence de l'État, en matière religieuse, est le principe et la source de la liberté de conscience : cette incompétence est radicale et absolue.

Le pouvoir civil ne peut, à aucun titre, ni sous aucun prétexte, intervenir dans les questions d'ordre *purement religieux ;* du plus haut au plus bas degré de l'échelle, c'est un monde fermé aux dépositaires de la puissance séculière. Tous les fonctionnaires, depuis le chef de l'État jusqu'aux gardes champêtres, réuniraient en vain leurs efforts pour faire un verre d'eau bénite.

Cependant l'État ne s'est pas contenté d'usurper parfois des fonctions dévolues seulement au curé du dernier village, il a eu la prétention de faire main basse sur les clefs de saint Pierre. L'obligation d'enseigner les propositions de 1682, qu'est-elle, sinon, de la part de l'État, l'usurpation d'un rôle qui ne lui appartient certainement pas? (1).

Les questions *mixtes* sont le terrain sur lequel l'Église et l'État se rencontrent, et où leurs attributions réciproques sont réglées par les concordats. Mais, même sous un régime concordataire, les deux pouvoirs unis ne sont pas confondus. L'État, par exemple, présente un prêtre pour l'épiscopat. Cette présentation, ou cette nomination, comme l'on voudra, ne donne à l'élu ni la juridiction, ni *le pouvoir d'ordre.* L'institution canonique et le sacre font, seuls, les Évêques. Un chef d'État qui croirait faire un Évêque en vertu du droit de présentation concédé par le Pape, serait aussi ridicule qu'un préfet allant s'installer sur le trône épiscopal pour procéder à une ordination de prêtrise.

On nous oppose la contre-partie de la thèse dont nous venons de rappeler les principes

(1) « Le Roi, dans la pratique, est plus chef de l'Église que le Pape en France », disait Fénelon. Voir le Cardinal de Beausset : *Histoire de Fénelon*, tome IV, pièces justificatives.

généraux : « Soit, nous dit-on, l'État n'a pas le droit de s'immiscer dans les choses d'ordre strictement religieux, mais alors que l'Église en fasse autant, et qu'elle n'intervienne pas dans les affaires civiles et politiques de l'État. Les empiètements dont vous vous plaignez ont eu pour cause, précisément, cette déplorable tendance de l'Église de ne pas se contenter de ce qui est à Dieu et de vouloir accaparer ce qui est à César. Nous sommes dans le cas de légitime défense. Si l'Église restait chez elle, nous n'irions pas l'y troubler, et c'est pour opposer une digue à ses envahissements que parfois nous avons dépassé la limite permise ».

L'objection a le tort de confondre les époques. Oui, il fut un temps où l'Église s'occupa beaucoup des affaires temporelles, mais, il ne faut pas l'oublier, les peuples eux-mêmes réclamaient son intervention, et ils n'eurent pas à s'en plaindre : tous les historiens lui ont rendu ce témoignage :

« Au commencement, pendant les quatre premiers siècles, le clergé avait fait la religion et l'Église (1) : pesons ces deux mots

(1) M. Taine se sert ici d'une expression théolo-

pour en sentir tout le poids. D'une part, dans un monde fondé sur la conquête, dur et froid comme une machine d'airain, condamné par sa structure même à détruire chez ses sujets le courage et l'envie de vivre, il avait annoncé « la bonne nouvelle », promis « le royaume de Dieu », prêché la résignation tendre aux mains du Père céleste, inspiré la patience, la douceur, l'humilité, l'abnégation, la charité, ouvert les seules issues par lesquelles l'homme étouffé dans l'ergastule romain pouvait encore respirer et apercevoir le jour : voilà la religion.

« D'autre part, dans un État qui peu à peu se dépeuplait, se dissolvait et fatalement devenait une proie, il avait formé une société vivante, guidée par une discipline et des lois, ralliée autour d'un but et d'une doctrine, soutenue par le dévouement des chefs et l'obéissance des fidèles, seule capable de subsister sous le flot de barbares que l'Empire en ruines laissait entrer par toutes ses brèches : voilà l'Église. — Sur ces deux

giquement impropre, mais cela n'infirme en rien la valeur de ses déclarations en faveur de l'Église.

premières fondations, il continue à bâtir, et, à partir de l'invasion, pendant plus de cinq cents ans, il sauve tout ce qu'on peut encore sauver de la culture humaine. Il va au devant des barbares ou les gagne aussitôt après leur entrée ; service énorme : jugeons-en par un seul fait : dans la Grande-Bretagne devenue latine comme la Gaule, mais dont les conquérants demeurèrent païens, pendant un siècle et demi, arts, industries, société, langue, tout fut détruit ; d'un peuple entier massacré ou fugitif, il ne resta que des esclaves ; encore faut-il deviner leurs traces ; réduits à l'état de bêtes de somme, ils disparaissent de l'histoire. Tel eût été le sort de l'Europe, si le clergé n'eût promptement charmé les brutes farouches auxquelles elle appartenait... Aux heures calmes, après la chasse ou l'ivresse, la divination vague d'un *au-delà* mystérieux et grandiose, le sentiment obscur d'une justice inconnue, le rudiment de conscience qu'il avait déjà dans ses forêts d'outre-Rhin, se réveille chez le barbare par des alarmes subites, en demi visions menaçantes... Sur tout le territoire, le clergé garde et agrandit ses asiles pour les vaincus et pour les opprimés. — D'autre part, parmi les chefs de guerre aux longs cheveux, à côté des rois vêtus de fourrures, l'évêque mitré et l'abbé au front tondu siègent aux assemblées ; ils sont les seuls qui tiennent la plume, qui sachent discourir : secrétaires, conseillers, théologiens, ils participent aux édits, ils ont la main dans le gouvernement, ils travaillent par son entremise à mettre un peu d'ordre dans le désordre immense, à rendre la loi plus raisonnable et plus humaine, à rétablir ou à maintenir la piété, l'instruction, la justice, la propriété et surtout le mariage. Certainement on doit à leur ascendant la police telle quelle, intermittente, incomplète, qui a empêché l'Europe de devenir une anarchie mongole ; jusqu'à la fin du douzième siècle, si le clergé pèse sur les princes, c'est surtout pour réfréner en eux et au dessous d'eux les appétits brutaux, les rébellions de la chair et du sang, les retours et les accès de sauvagerie irrésistible qui démoralisaient la société... Pendant plus de douze siècles le clergé en a nourri (de la pensée de Dieu) les hommes et, par la grandeur de sa récompense, on peut estimer la grandeur de leur gratitude. Ses papes ont été pendant deux cents ans les dictateurs de l'Europe. Il a fait des croisades, détrôné des rois, distribué des États. Ses évêques et ses abbés sont devenus ici princes souverains, là patrons et véritables fondateurs de dynasties. Il a tenu dans ses mains le tiers des terres, la moitié du revenu, les deux tiers du capital de l'Europe. Ne croyons pas que l'homme soit reconnaissant à faux et donne sans motif valable ; il est trop égoïste et trop envieux pour cela » (1).

Cette belle page est la meilleure ou plutôt la seule explication de la puissance du clergé dans ces temps troublés, et de l'ingérence de l'Église dans les affaires civiles et politiques. Les barbares, incapables de fonder et d'organiser une société régulière, appelèrent l'Église à leur aide parce qu'elle était comme la personnification de l'intelli-

(1) M. Taine : *Les origines de la France contemporaine ; l'ancien régime* chap. I. Tous les historiens impartiaux parlent comme M. Taine. Voir en particulier M. Guizot : *Histoire de la civilisation en France.*

gence et de la valeur morale dont l'ascendant (c'est l'honneur de la nature humaine) finit toujours par avoir raison des instincts aveugles de la force brutale. Loin donc de repousser l'Église et de lui interdire l'accès des assemblées où se débattaient leurs intérêts terrestres, les pouvoirs d'alors l'y appelaient ou, pour dire plus vrai, sa place y était nécessairement marquée. Quoi d'étonnant dès lors que l'Église ait joui d'une importance politique considérable et que, pendant des siècles, elle ait été l'arbitre d'une société qu'elle avait faite ! Ceux qui aujourd'hui reprochent à l'Église son influence politique au moyen-âge, et s'en servent pour l'accuser d'ambition humaine et de visées personnelles, songent-ils à reprocher à leur mère de les avoir tenus dans ses bras quand leurs pieds étaient trop faibles pour les porter ? Ils ont grandi, soit, mais qu'ils n'oublient pas l'aïeule à cheveux blancs dont la longue expérience peut encore leur donner de sages conseils.

L'Église, qui a l'intelligence des temps, repousse comme une calomnie l'accusation d'aspirer à la domination politique : « Il nous faut signaler, dit Léon XIII, une calomnie astucieusement répandue pour accréditer contre les catholiques et contre le Saint Siège lui-même des imputations odieuses. On prétend que l'entente et la vigueur d'action, inculquées aux catholiques pour la défense de leur foi, ont, comme secret mobile, bien moins la sauvegarde des intérêts religieux, que l'ambition de ménager à l'Église *une domination politique sur l'État* » (1). Rien en effet n'est plus capable de susciter des haines et des colères contre l'Église que de l'accuser de vouloir porter atteinte aux prérogatives de l'État, et de cacher son ambition sous le masque des intérêts religieux. L'Église ne revendiquerait donc son indépendance que pour mieux asservir l'État, et elle ne réclamerait si haut le droit de rendre à Dieu ce qui est à Dieu que pour prendre plus facilement à César ce qui est à César ! C'est une calomnie aussi ancienne que l'Évangile, mais les hommes sincères savent ce qu'il faut en penser.

« Dieu, dit encore Léon XIII, a divisé le

(1) Encyclique du 16 février 1892.

gouvernement du genre humain entre deux puissances : la puissance ecclésiastique et la puissance civile; celle-là préposée aux choses divines, celle-ci aux choses humaines. Chacune d'elles en son genre est souveraine, chacune est renfermée dans les limites parfaitement déterminées et tracées en conformité de sa nature et de son but spécial. Il y a donc comme une sphère circonscrite dans laquelle chacune exerce en vertu d'un droit propre son action, *jure proprio...* Tout ce qui dans les choses humaines est sacré à un titre quelconque, tout ce qui touche au salut des âmes et au culte de Dieu, soit par sa nature, soit par rapport à son but, tout cela est du ressort de l'autorité de l'Église; quant aux autres choses qu'embrasse l'ordre civil et politique, il est juste qu'elles soient soumises à l'autorité civile, puisque Jésus Christ a commandé de rendre à César ce qui est à César et à Dieu ce qui est à Dieu » (1).

Mgr Cavagnis, professeur au séminaire romain, a traité avec beaucoup de science

(1) Encyclique *Immortale Dei.*

et de profondeur de pensée toutes les questions que nous ne pouvons qu'effleurer ici, et sa doctrine se résume, pour ainsi dire, dans les proportions suivantes : « L'État demeure souverain dans l'ordre temporel et n'est sous la dépendance de l'Église qu'en matière spirituelle. L'ordre spirituel embrasse les choses temporelles *en tant qu'elles se rapportent à une fin surnaturelle.* L'État en obéissant à l'Église, en matière spirituelle, n'en reste pas moins souverain dans l'ordre temporel, agit comme tel vis-à-vis de ses sujets, c'est-à-dire qu'il est indépendant et a pleine autorité sur eux » (1).

L'État est donc souverain et complètement indépendant dans l'ordre civil et politique, et sa dépendance à l'égard de l'Église *dans les choses spirituelles* est tout simplement l'application de ce principe incontestable : Dieu est au dessus de César. Avant l'apparition du christianisme César était au niveau de Dieu ; l'Évangile l'a remis à sa place.

(1) *Notions de droit public naturel et ecclésiastique*, chapitre III, § 351 : traduction de M. l'abbé Duballet (Paris, P. Lethielleux).

CHAPITRE II

LES ÉMANCIPATIONS.

La société Gallo-Romaine. — L'Église et les principes de la civilisation. — Clovis et les Évêques Gallo-Romains. — La société féodale. — Les émancipations sont le fruit de l'esprit chrétien. — La Charte de 1311.

« Ce fut le travail des temps chrétiens de faire vivre dans les âmes et pénétrer dans les institutions deux sentiments, sans lesquels il n'y a ni charité ni justice : je veux dire le respect de la liberté et le respect de la vie humaine. Le Christianisme reconquiert la liberté de l'homme, non d'un seul coup, mais pied à pied. Il rend premièrement à l'esclave la conscience qui fait de lui non plus une chose, mais une personne qui lui donne des devoirs et par conséquent des droits ; c'était détruire le fondement même de l'esclavage :

les siècles suivants en poursuivirent la ruine » (1).

Nous avons vu que Justinien, malgré le progrès des idées chrétiennes, avait laissé subsister l'esclavage, tant le paganisme était vivace encore au VIe siècle ; il appartenait à l'Église d'anéantir cette monstruosité légale, ce fut là le travail des temps chrétiens : « Du IVe au XIIIe siècle, dit M. Guizot, c'est l'Église qui a marché la première dans la carrière de la civilisation » (2). La civilisation ne consiste pas seulement dans le progrès des arts, des sciences, de l'industrie, du bien-être matériel, en un mot dans la conquête du monde subjugué par le génie de l'homme ; elle consiste surtout dans le triomphe du droit sur la force, de l'équité sur l'injustice, de la loi sur le bon plaisir. Une société produirait en vain des poètes, des artistes, des écrivains et des savants, des philosophes, des conquérants ; elle aurait beau éblouir le monde par les splendeurs

(1) Ozanam. *La civilisation au Ve siècle.*

(2) *Histoire de la civilisation en France*; 12e leçon.

de ses capitales et les merveilles de ses expositions, si, chez elle, le droit violé est obligé de courber la tête, si aucune voix ne peut s'élever pour flétrir l'injustice et la réparer, si le plus humble de ses membres est à la merci du plus grand, cette société n'a pas l'*âme* de la civilisation, elle n'en a que le cadavre.

A ce point de vue, qui est le vrai, l'Église, nous le disons hardiment, l'Église est la plus grande force civilisatrice du monde, car personne plus qu'elle n'a pris la défense du droit des petits contre la force des grands.

Jetons un coup d'œil sur les siècles d'où la société moderne est sortie de ces trois éléments en fusion : le monde Gallo-Romain, le christianisme, la conquête germanique ; il nous sera facile de démontrer que, ce qui s'appela plus tard le Tiers État, est une création de l'Église (1).

(1) Le Tiers État n'était ni un *ordre* ni l'équivalent de la bourgeoisie, il était toute la population en dehors et au dessous de la noblesse et du clergé. Voir Augustin Thierry : *Essai sur l'histoire du Tiers État*, préface.

Au moment où l'Empire chancelait sous les coups des Barbares, la société gallo-romaine était divisée en quatre classes de personnes : 1° les sénateurs ; 2° les décurions ; 3° le peuple ; 4° les esclaves (1).

Les sénateurs, choisis par l'Empereur, même parmi les affranchis, ne formaient pas sans doute une classe essentiellement distincte, mais ils jouissaient de privilèges qui constituaient une différence sociale réelle. Les décurions étaient les membres du corps municipal, et ils administraient les affaires de la cité ; ils payaient cher cet honneur car leurs charges étaient fort lourdes.

Le peuple comprenait les petits propriétaires trop pauvres pour devenir décurions, les marchands et les ouvriers.

La situation des esclaves s'était fort adoucie, mais ils étaient toujours esclaves.

Le trait caractéristique de cette société était la division des hommes séparés en deux classes par un intervalle immense : cela seul devait être une cause de décadence irrémédiable.

(1) Voir M. Guizot : *Histoire de la civilisation en France*; 2e leçon.

Pour échapper à l'énervement produit par la longue jouissance du pouvoir et de la richesse, les classes supérieures ont besoin de se rajeunir en ouvrant leurs rangs aux classes inférieures qui leur apportent, avec l'émulation, une sève, une ardeur, une vie nouvelles. Il en est des sociétés comme des familles, *le croisement* est une condition de force et de fécondité. La société gallo-romaine s'en allait donc à la dissolution et à la mort, mais à côté d'elle s'était formée une société jeune, énergique et pleine d'avenir, c'était la société ecclésiastique : « Ce fut à celle-là que se rallia le peuple... il se groupa autour des prêtres et des évêques. Étrangère à la société civile païenne dont les maîtres ne lui avaient point fait sa place, la masse de la population entra avec ardeur dans la société chrétienne, dont les chefs lui tendaient les bras » (1).

Qu'était alors cette masse de la population vers laquelle les prêtres et les évêques tendaient les bras ?... Au point de vue social et politique, rien. On voit combien

(1) *Id., ibid.*

sont injustes et même un peu ridicules ceux qui accusent l'Église de se tourner toujours *du côté du manche*. Avec le secours de l'Église, qu'est-elle devenue? Ce que nous la voyons aujourd'hui. S'il a fallu des siècles pour opérer cette transformation, faut-il donc oublier les labeurs, les sollicitudes et les combats des ouvriers de la première heure?

Dans son beau livre : *Tableau de l'éloquence chrétienne au IVe siècle*, M. Villemain a rendu un éclatant hommage à l'action civilisatrice et bienfaisante de l'Église. « Cette charité que le christianisme garda toujours comme sa marque indigène, dont il se servit pour adoucir les mœurs féroces du moyen-âge, *et qu'il a mise au fond même de la civilisation moderne*, seul il la possédait dans l'origine. Ce soin des malheureux, cette application à les secourir et à les améliorer, cette vertu de la compassion devenue de nos jours une des sciences de la société civile, seul il en avait alors la pratique et la pensée... En même temps qu'il appelait tous les hommes à la vertu, il les comprenait tous dans la charité. Son action politique n'était pas moins puissante que sa discipline morale. Il jetait les fondements d'un droit public, d'un droit des gens qui devait ensuite exister à part de lui, et devenir l'attribut même de la société civile » (1). C'est donc l'Église qui a jeté les fondements de ce nouveau droit public, attribut essentiel de la société moderne, et d'où est sortie la démocratie. Elle ne s'est pas contentée de le fonder, elle a présidé à sa formation, elle a favorisé son développement ; il est facile de s'en convaincre en suivant les traces de son influence à travers les siècles.

Les grands seigneurs, comtes du palais, questeurs ou préfets des Gaules, vivaient sur leurs terres uniquement occupés de pêche, de chasse, de plaisirs, de conversations littéraires, loin de la masse de la population dont le sort ne les inquiétait guère. Les évêques habitaient les villes, recevaient à tous moments ceux dont ils avaient à écouter les

(1) Pages 173 et 417. Ces réflexions ont été inspirées à M. Villemain par les éloquentes homélies de saint Jean Chrysostôme et de saint Augustin en faveur des pauvres et des malheureux.

plaintes, enseignaient, non seulement à l'église mais aussi dans leur maison, dont la porte était toujours ouverte au peuple, et ils se reposaient, en travaillant des mains au profit des pauvres.

On voit de quel côté seront les amis et les défenseurs du peuple quand les Barbares, dont on a déjà entendu les clameurs, auront franchi les frontières de l'Empire. Le monde romain s'affaisse sous le poids de son égoïsme, une société nouvelle se lève forte de son dévouement et de sa charité : nous allons constater le résultat de son alliance avec les Barbares.

Au moment où les tribus germaniques se fixèrent dans les Gaules, les Francs au Nord, les Burgondes à l'est, les Wisigoths au sud, « il ne restait de l'Empire romain que le régime municipal. Il était arrivé, par les vexations du despotisme et la ruine des villes que les curiales, ou membres des corps municipaux, étaient tombés dans le découragement et l'apathie ; les évêques au contraire et le corps des prêtres, pleins de vie, de zèle, s'offraient naturellement à tout surveiller, à tout diriger. On aurait tort de le leur reprocher, de les taxer d'usurpation. Ainsi le voulait le cours naturel des choses; le clergé seul était moralement fort et animé; il devint partout puissant. C'est la loi de l'univers » (1). Quel usage le clergé fit-il de sa puissance et quels furent ses moyens d'action sur les Barbares ? Écoutons encore M. Guizot : « Ce fut un immense avantage que la présence d'une influence morale, d'une force morale, d'une force qui reposait uniquement sur les convictions, les croyances et les sentiments moraux, au milieu de ce déluge de force matérielle qui vint fondre à cette époque sur la société. Si l'Église chrétienne n'avait pas existé, le monde entier aurait été livré à la pure force matérielle.

« Elle faisait plus : elle entretenait, elle répandait l'idée d'une règle, d'une loi supérieure à toutes les lois humaines; elle professait cette croyance fondamentale pour le salut de l'humanité, qu'il y a, au dessus de toutes les lois humaines, une loi appelée selon les temps et les mœurs, tantôt la raison, tantôt le droit divin, mais qui, partout

(1) M. Guizot, *ibid.*

et toujours, est la même loi sous des noms divers.

« Enfin l'Église commençait un grand fait, la séparation du pouvoir spirituel et du pouvoir temporel. Cette séparation, c'est la source de la liberté de conscience...

« La présence d'une influence morale, le maintien d'une loi divine et la séparation du pouvoir temporel et du pouvoir spirituel, ce sont là les trois grands bienfaits qu'au Ve siècle l'Église chrétienne a répandus sur le monde européen » (1).

L'Église n'avait pas attendu le Ve siècle pour mettre au service du monde ces trois éléments de toute vraie civilisation ; dès le premier jour elle avait proclamé les principes dont l'application assure la grandeur et la liberté des peuples ; elle en est encore la gardienne intrépide et dévouée.

Au fond la question se réduit à des termes fort simples : l'homme est-il maître de l'homme, ou bien Dieu est-il le seul maître? Si l'homme est le maitre, il peut étouffer le

(1) *Histoire de la civilisation en Europe*, 2e leçon. Voir sur cette question le 1er chapitre du présent ouvrage.

droit sous la force, la loi sous le bon plaisir, la liberté sous le poids des chaînes. Si, au contraire, il n'y a d'autre maître que Dieu, tous les hommes sont égaux devant Lui, et le pouvoir d'un homme sur *ses semblables* ne sera légitime que s'il découle de celui qui, seul, est assez grand pour avoir le droit de commander (1).

Voilà les deux solutions en présence ; l'une est la solution païenne, l'autre est la solution chrétienne ; quiconque ne reconnaît que l'homme et prétend se passer de Dieu est nécessairement obligé d'admettre que tout pouvoir (que ce pouvoir s'appelle le roi ou le peuple) vient de l'homme. Mais

(1) Avons-nous besoin de déclarer dans quel sens nous entendons le pouvoir *de droit divin?* nous l'entendons dans le sens de l'Encyclique DIUTURNUM ILLUD : « *Interest attendere hoc loco eos qui reipublicæ præfuturi sint, posse in quibusdam causis voluntate judicioque deligi multitudinis non adversante neque repugnante doctrina catholica... salva justitia, non prohibentur populi illud sibi genus comparare reipublicæ quod aut ipsorum ingenio, aut majorum institutis moribusque magis apte conveniat* ».

l'homme n'a pas le droit de commander ; si vous voulez que j'obéisse, montrez-moi des ordres qui viennent de plus haut que vous, sans cela vous n'êtes que la force et la force ne fait pas le droit.

Si, au V° siècle, l'Église a sauvé ou plutôt créé la civilisation en opposant, aux flots envahissants de la force matérielle, l'autorité de son influence morale, la foi à l'existence d'une loi et d'un pouvoir supérieurs à l'homme, pourquoi serait-elle aujourd'hui un obstacle à la marche en avant vers l'égalité et la vraie liberté, puisque ses principes sont les mêmes et que sa doctrine n'a pas changé. L'homme, roi ou peuple, est toujours séduit par cette parole de la tentation suprême : *Eritis sicut Dii*, voilà pourquoi l'Église est toujours là pour lui rappeler sa condition et lui dire : « Il n'y a qu'un Dieu et ce Dieu n'est pas toi ». Si l'Église était complice de l'usurpation, si elle laissait l'homme s'emparer du droit, de la loi et de la conscience, si elle en faisait un dieu, que deviendraient, écrasés sous cet effroyable despotisme, que deviendraient les faibles, les petits et les humbles ?...

Mais avant de constater les heureux résultats de l'influence de l'Église sur les Barbares, qu'il nous soit permis de venger les évêques gallo-romains des accusations dont ils ont été l'objet à propos du baptême de Clovis et de la conversion des Francs. Si le débat ne portait que sur un problème historique nous pourrions passer outre, mais c'est l'honneur même de l'Église qui est en jeu.

On dit : « Les évêques disposaient du sort de la Gaule. Désespérant de soumettre les Burgondes et les Wisigoths qui étaient ariens, ils appelèrent les Francs restés encore païens ; ils marièrent leur chef à une chrétienne, et Clovis baptisé fut, entre leurs mains, l'instrument de leur ambition insatiable. Ils lui livrèrent les royaumes du Sud et de l'Est pour régner sous son nom, et le barbare naïf servait les visées politiques des évêques. Le but de l'Église en allant aux Barbares était donc l'ambition et la soif du pouvoir ». C'est sous ces couleurs fort peu honorables, que l'on dépeint aujourd'hui encore le dévouement de l'Église dans la conversion des Barbares (1).

(1) Voir : *Histoire de la civilisation Française*,

Pour rétablir la vérité des faits, suivons la discussion du savant abbé Gorini avec M. Augustin Thierry, et hâtons-nous de dire que M. A. Thierry eut le courage et la loyauté de reconnaître son erreur et d'avouer qu'il s'était trompé. Le 1er septembre 1855, l'illustre auteur des *Lettres sur l'histoire de France* écrivait à son contradicteur : « Pardonnez-moi le long retard que j'ai mis à vous répondre, le déplorable état de ma santé en est la cause. La nouvelle qui vous est parvenue répond à ce que vous avez remarqué vous-même en comparant deux éditions de mon *Histoire de la conquête de l'Angleterre par les Normands*. Je soumets cet ouvrage, bien des fois remanié partiellement, à une révision d'ensemble, à une collation avec les textes originaux, non dans une vue particulière, mais dans l'intérêt général de la vérité historique. Toutes les erreurs que j'ai pu commettre et qui m'ont été signalées consciencieusement seront corrigées par moi, selon ma conscience d'historien. C'est vous

par M. Rambaud, professeur à la Sorbonne : tome I, chap. IV.

dire, monsieur, que je tiendrai grand compte de votre *Défense de l'Église*. Je fais à vos critiques une attention d'autant plus sérieuse que, pour la vraie science et la parfaite convenance, elles se distinguent bien heureusement de la polémique soutenue dans la même cause par d'autres personnes. Je suis étonné, monsieur, qu'un travail de recherches aussi considérables ait pu être exécuté par vous dans un presbytère de village... » (1).

D'après M. A. Thierry, l'intérêt des Gallo-Romains était de se soumettre aux Burgondes ou aux Wisigoths plutôt qu'aux Francs, mais les évêques, en haine des premiers qui étaient hérétiques, livrèrent leur pays aux Francs encore païens.

M. Gorini fait remarquer, d'abord que les avantages de la domination bourguignonne

(1) *Vie de M. Gorini* par M. l'abbé Martin, p. 222. C'est dans l'histoire de la conquête de l'Angleterre par les Normands que M. A. Thierry avait soutenu, au sujet de la conversion de Clovis, la thèse réfutée par M. Gorini. M. de Montalembert, bon juge en pareille matière, disait que l'ouvrage de l'abbé Gorini est « une des meilleures productions historiques de ce siècle ».

ou wisigothe sont plus que contestables, car les Bourguignons n'ont laissé dans les Gaules que leur nom, et la bataille de Vouillé permet de supposer que les Wisigoths auraient bien moins défendu la Gaule que cette race barbare mais guerrière d'où sortira Charles Martel.

D'ailleurs les Gallo-Romains essayèrent de résister à tous les barbares indistinctement, et s'ils furent vaincus par Clovis, les évêques n'eurent aucune part dans sa victoire sur Syagrius.

Soit, dit-on, mais ils l'ont appelé et par conséquent ils lui ont livré leur pays.

C'est ce qu'il faudrait démontrer, répond M. Gorini. M. A. Thierry allègue un texte de saint Grégoire de Tours, les relations entre Clovis et saint Rémi et enfin la vie de saint Vaast, évêque d'Arras. L'auteur des récits Mérovingiens fait dire à saint Grégoire que *tous les évêques* désiraient la domination des Francs; or, saint Grégoire ne parle pas des évêques seulement, mais aussi de tous leurs concitoyens.... « Alors, comme déjà la terreur des Francs retentissait dans ces lieux, *et que tous*, avec un désir d'amour souhaitaient leur domination.... ». Les évêques, en préférant la domination des Francs à celle des Bourguignons, étaient donc en communauté de sentiments avec *tous* leurs contemporains. A l'époque (488) où saint Grégoire parlait de l'affection générale des Gallo-Romains pour les Francs, Clovis était maître du centre de la Gaule, ce n'est donc pas cette affection qui a été cause de la conquête franque ; seulement les Gaulois de l'Est, pour être délivrés du joug des Bourguignons, souhaitaient qu'elle s'étendit aussi sur leurs contrées.

La méprise de M. Augustin Thierry dans son récit des rapports entre Clovis et saint Rémi est la même que celle de son interprétation du texte de saint Grégoire. Les relations du chef barbare et de l'évêque ne commencèrent qu'après la défaite de Syagrius, comment dès lors auraient-elles pu être cause de l'invasion ?... Quant à saint Vaast, élevé depuis sur le siège épiscopal d'Arras et alors prêtre de l'Église de Toul, il y avait déjà *dix ans* que Clovis commandait dans les Gaules quand il le vit pour la première fois au retour de Tolbiac.

Le mariage de Clovis avec la fille de Gondebaud ne fut, pas plus que l'invasion, l'œuvre des évêques gallo-romains. Les ambassadeurs envoyés par le chef Franc auprès du roi de Bourgogne remarquèrent la beauté de Clotilde et ils en parlèrent à leur maître qui l'envoya chercher et en fut bientôt épris. Pourquoi voir une intrigue de gens d'Église là où les charmes de sainte Clotilde suffisent largement pour tout expliquer (1).

Les tribus germaines étaient des assemblées d'hommes libres où se débattaient publiquement les intérêts communs et les affaires importantes de la nation ; les chefs étaient élus et avaient un droit de patronage sur leurs compagnons ; au dessous du chef et de ses compagnons, les colons cultivaient le sol au profit du maître ; enfin les esclaves : telle est l'organisation de la tribu.

C'est à la longue et avec les siècles que les nouveaux venus se fondirent avec les anciens

(1) Voir : *Défense de l'Église*, par M. l'abbé Gorini : tome I, ch. VIII.

habitants du pays : mais, de part et d'autre, il y avait l'esclavage dont nous allons étudier la transformation sous l'influence lente mais progressive de l'Église.

« Puisque notre Rédempteur, auteur de toute la création, dit saint Grégoire le Grand, a voulu prendre la chair de l'homme pour que la puissance de sa divinité brisât la chaîne de notre servitude et nous rendît à la liberté primitive, c'est agir d'une façon salutaire que d'avoir pitié des hommes que la nature avait faits libres, que le droit des gens avait réduits en esclavage, et de les rendre, par le bienfait de la manumission, à la liberté pour laquelle ils naquirent ».

« Voilà les maximes qui ont été l'âme de tout ce grand travail du moyen-âge pour l'émancipation des peuples, cette transformation des esclaves en serfs, des serfs en colons, des colons en propriétaires, des propriétaires en bourgeois, et des bourgeois en ce Tiers État, qui devait devenir un jour le maître chez les peuples modernes » (1).

L'Église ne se contenta pas de paroles; elle

(1) Ozanam : *La civilisation au Ve siècle*, 13e leçon.

prêcha surtout d'exemple. Pour le rachat des esclaves elle vendait jusqu'aux vases sacrés disant que « le plus bel ornement des mystères était la rédemption des captifs » ; elle frappait d'excommunication les chrétiens coupables de vendre des esclaves aux Juifs ; elle multipliait les asiles, elle déclarait inviolables les liens du mariage contractés entre esclaves de différents maîtres, elle faisait aux rois un devoir de conscience de ne plus souffrir d'esclaves sur leurs domaines. Les évêques achetaient tous les captifs qu'ils rencontraient et ils les conduisaient dans les basiliques pour les déclarer libres aux pieds du Sauveur. Toutes les fêtes chrétiennes étaient le signal de nombreux affranchissements, et quand, au XIIIe siècle, il n'y eut plus d'esclaves, on lâchait dans les églises des nuées de pigeons pour rappeler le souvenir des émancipations d'autrefois.

En même temps que l'esclavage disparaissait, les mœurs devenaient moins farouches et les droits des faibles n'étaient plus aussi complètement méconnus. Frédégaire nous apprend que, dans une inspection à Langres, à Dijon et à Autun, Dagobert « rendit la justice aux pauvres comme aux riches sans acception de personnes ». Or, les conseillers de Dagobert étaient saint Arnoul évêque de Metz, saint Eloi évêque de Noyon, saint Ouen évêque de Rouen.

L'époque dominée par le grand nom de Charlemagne est la transition entre la barbarie et la féodalité. Fidèle aux inspirations de l'Église, l'empereur d'Occident entre dans de touchants et minutieux détails quand il s'agit d'améliorer le sort des pauvres.

Il veut d'abord qu'ils aient des vivres à bon marché : « Le très pieux seigneur notre roi a décrété, avec le consentement *du saint Synode*, que nul homme, ecclésiastique ou laïque, ne pourrait, soit en temps d'abondance, soit en temps de cherté, vendre les vivres plus cher que le prix récemment fixé par boisseau, savoir : le boisseau d'avoine un denier ; d'orge deux deniers ; de seigle trois deniers ; de froment quatre deniers. S'il veut le vendre en pain, il devra donner douze pains de froment, chacun de deux livres pour un denier ; quinze pains de seigle, vingt pains d'orge et vingt cinq pains d'avoine, du même poids, aussi pour un denier ». Malgré la modicité de ces prix, il y aura peut-être des gens trop pauvres pour pouvoir acheter du pain, Charlemagne veut qu'ils soient nourris par leurs frères mieux partagés : « Quant aux mendiants qui courent dans le pays, nous voulons que chacun de nos fidèles nourrisse ses pauvres, soit sur son bénéfice, soit dans l'intérieur de sa maison, et ne leur permette pas d'aller mendier ailleurs ». Cette dernière recommandation arrête les progrès du vagabondage, et Charlemagne ne veut pas que la charité favorise la paresse, car il ajoute : « Si l'on trouve de tels mendiants, et qu'ils ne travaillent pas de leurs mains, que personne ne s'avise de leur rien donner » (1).

Quelle fut la condition des esclaves devenus serfs? Il est nécessaire de donner ici une esquisse rapide de la société féodale.

Les forêts de la Germanie furent le berceau de la féodalité. Un chef prenait les meilleures terres et donnait le reste à ses compagnons à la charge pour ceux-ci de l'aider à défendre et à administrer sa conquête ;

(1) Guizot : *Histoire de la civilisation en France*, 21e leçon.

c'est l'origine du fief. Ceux-ci en faisaient de même à l'égard de leurs inférieurs qui devinrent arrière-vassaux, possesseurs d'arrière-fiefs.

Le chef, les vassaux et arrière-vassaux furent les nobles, c'est-à-dire les conquérants. Mais il fallait vivre sur les terres conquises : les nobles en gardèrent une part et ils donnèrent l'autre aux chefs des familles qui habitaient le pays, moyennant certaines charges, redevances en argent ou en nature, corvées, etc... Ces terres concédées furent appelées censives, et les tenanciers étaient les *vilains* ; au dessous des vilains il y avait les serfs attachés à la glèbe.

Telles sont les grandes lignes de l'édifice féodal ; il s'éleva peu à peu car il ne faut pas croire qu'il fut transporté tout d'une pièce des forêts de la Germanie dans les Gaules.

Les serfs étaient divisés en deux classes : les uns étaient esclaves, ou peu s'en faut, les autres jouissaient d'une certaine liberté, car, à part les redevances, le seigneur n'avait rien à leur réclamer. Mais, s'ils se formariaient, c'est-à-dire s'ils épousaient une emme libre, ou s'ils se mariaient en dehors du domaine seigneurial, tous leurs biens revenaient au maitre. Le seigneur était *toujours* l'héritier du serf, et ses fils n'avaient rien à voir dans sa succession ; le seigneur était donc seul propriétaire, c'est ce qu'on appelait *la main morte*. Le serf n'était qu'usufruitier. La *taille* (l'impôt) ne se levait ordinairement qu'une fois par an, cependant surtout à l'origine, elle était arbitraire et les serfs étaient *taillables à merci*. Ajoutez la corvée qui prenait mille formes, depuis tout ce qui regardait l'exploitation, jusqu'à l'entretien de la maison seigneuriale. On voit combien était lourd le poids qui pesait sur les serfs.

L'Église l'allégea.

D'abord elle les releva à leurs propres yeux et aux yeux de leurs contemporains en leur ouvrant la carrière des dignités ecclésiastiques. Elle en fit des prêtres et même des évêques, au point que, peu après la mort de Charlemagne, les seigneurs se plaignaient de la facilité avec laquelle l'Église mettait en pratique le principe de l'égalité, alors si peu compris : « Cette circonstance, dit M. Guizot, n'est peut-être pas une de celles qui ont le moins contribué aux efforts de l'Église pour améliorer la condition des serfs. Beaucoup de clercs étaient sortis de leurs rangs, et indépendamment des motifs religieux, ils en connaissaient les misères, et portaient quelque sympathie à ceux qui y étaient plongés » (1).

Quel étonnement pour les hauts et puissants seigneurs d'être obligés de se courber, comme devant les représentants de Dieu, devant ces gens autrefois taillables et corvéables à merci et devenus, par la grâce de l'Église, évêques dont la crosse valait bien leur épée. Rien n'était plus propre à développer l'idée démocratique au sein même de la féodalité que de voir « les fils de serfs et de gardeurs de bœufs » arriver aux plus hautes dignités de l'Église. L'aristocratie en prit ombrage, et un Saint-Simon du IXe siècle s'élevait hautement contre « cette coutume perverse » (2).

(1) *Histoire de la civilisation en France*, 12e leçon.

(2) Voir l'ouvrage de M. Allard : *Esclaves, serfs et mainmortables*, p. 215.

Les meilleures choses ont leurs inconvénients. On put craindre que l'entrée des serfs dans l'Église n'eût pour mobile le désir bien légitime, du reste, de la liberté, plutôt qu'une inspiration puisée à ses sources plus hautes encore. Aussi quelques conciles provinciaux (Orléans, 538 et 549) décidèrent que les serfs ne recevraient les ordres sacrés qu'après avoir été affranchis par leurs maîtres. C'était leur enlever la tentation d'entrer dans l'Église sans vocation, et d'aller y chercher la liberté plutôt que le sacerdoce.

Quoi qu'il en soit, la coutume de l'Église de choisir ses ministres dans toutes les classes sans égard à la naissance, et de mettre au même niveau les maîtres et les serfs, élevés les uns et les autres à la dignité sacerdotale, cette coutume, dis-je, était une noble application du principe d'égalité à une époque où l'inégalité était une maxime fondamentale de la société : à l'Église revient donc l'honneur d'avoir déposé le levain qui a fermenté et qui a fini par soulever toute la masse.

D'après le droit ecclésiastique, les serfs ne peuvent être ni vendus ni achetés à moins que, par ce moyen, ils n'obtiennent la liberté.

Les évêques de Rouen et de Reims recommandent à Louis le Débonnaire de n'exiger que les redevances consacrées par *la coutume*. La coutume, on le sait, joua un grand rôle au moyen-âge; elle adoucit singulièrement les prescriptions de l'ancien droit et avec la formule, « ceci est contraire à la coutume » les serfs résistèrent, victorieusement presque toujours, aux usurpations et aux entreprises des maîtres contre leur liberté relative.

Il y avait à peu près autant de coutumes diverses que de seigneuries (1), et l'Église usa de toute son influence pour inspirer des coutumes conformes à l'esprit d'égalité et de liberté. Avec son impartialité ordinaire, M. Guizot l'a hautement proclamé : « L'Église, dit-il, tâchait d'inspirer aux puissants du monde des sentiments plus doux, plus de

(1) Voir Montesquieu, *Esprit des lois*, livre XXVIII, ch. 45. — Nulle taxe ne peut être exigée sans le consentement des contribuables : nulle loi n'est valable si elle n'est acceptée par ceux qui doivent lui obéir. Tels sont ces principes généraux de la coutume. Ils sont le germe des libertés reconquises plus tard et qui ont définitivement prévalu.

justice dans leurs relations avec les faibles... Il y en a une preuve irrécusable : la plupart des formules d'affranchissement, à diverses époques, se fondent sur un motif religieux ; c'est au nom des idées religieuses, des espérances à venir, de l'égalité religieuse des hommes, que l'affranchissement est presque toujours prononcé » (1).

Ces coutumes, animées de l'esprit de l'Église, ne pouvaient pas être changées au gré des seigneurs ; elles avaient force de loi : « *Consuetudo,* dit saint Thomas, *et habet vim legis, et legem abolet et est legum interpretatrix* » (2). Aussi l'émancipation et la liberté firent de rapides progrès. Dès le XIIe siècle il n'y avait plus de serfs en Normandie. Alphonse de Poitiers, frère de saint Louis, affranchit tous ceux du Languedoc. Les sentiments de saint Louis envers les pauvres sont trop connus pour qu'il soit nécessaire de les rappeler. Quand on lui reprochait ses largesses : « S'il m'arrive,

(1) *Histoire de la civilisation en Europe,* 6e leçon.

(2) 1, 2e, q. XCIII, ad 3.

disait-il, de faire de trop grandes dépenses, j'aime mieux que l'excès soit en aumônes faites pour l'amour de Dieu qu'en choses de luxe et de frivolités » (1). La charte de Charles de Valois en 1311 est le témoignage le plus irrécusable de cette vérité aujourd'hui trop oubliée que l'esprit de l'Église est un esprit d'égalité et de liberté : « Comme créature humaine, qui est formée à l'image de Notre Seigneur, doit généralement être franche par droit naturel, et en aucun pays de cette naturelle liberté et franchise, par le joug de servitude qui est tant haineuse, soit si effacée et si obscurcie, que les hommes et les femmes qui habitent en lieux et pays dessus dits, en leur vivant, seront réputés ainsi comme morts, et à la fin de leur douloureuse et chétive vie, si étroitement liés et démenés, que des biens que Dieu leur a prêtés en ce siècle, et que ils ont acquis par leur propre labeur, ils ne peuvent en leur dernière volonté disposer, ni ordonner, ni accroître en leurs

(1) M. Vallon : *Saint Louis et son temps*, ch. XXIII. Voir : *Pour l'amour de saint Louis envers les pauvres;* le Sire de Joinville, ch. 142.

propres fils, filles et leurs autres prochains; nous, mus de pitié, pour le remède et salut de notre âme, et pour considération de humanité et de commun profit, donnons très plénière franchise et liberté perpétuelle à toutes personnes de notre comté de Valois... demeureront franchement et en paix sans mainmorte ou formariage ou autre espèce de servitude quelle qu'elle soit en ladite comté et ressort, et ou royaume de France et ses appartenances et hors du royaume » (1).

Cette charte mémorable et si fortement empreinte de l'esprit chrétien est comme la protestation de liberté évangélique contre les résistances encore vivaces de la servitude païenne.

D'esclave, l'homme était devenu serf, c'est-à-dire qu'il avait été mis en possession de sa personnalité, il jouissait de ses droits de père et d'époux; dans certaines localités il avait même la presque totalité de ses droits

(1) L'édit de Louis X (3 juillet 1315), est rédigé dans le même esprit et presque dans les mêmes termes.

civils (1). Cependant de lourdes entraves l'enchaînaient encore. Il était soumis : 1° au droit de poursuite ; 2° aux redevances et à la corvée ; 3° au droit de main-morte ; 4° au droit de formariage.

Le droit de poursuite autorisait le maître à fixer le serf sur son domaine et à le faire reprendre partout où il se trouvait quand il avait rompu son ban.

Les redevances et corvées, autrefois arbitraires, avaient été réglées peu à peu par la légalité et par la coutume.

Le droit de main-morte était absolument odieux car il faisait, des terres, la propriété du seigneur dont le serf n'avait que l'usufruit, et que par conséquent il ne pouvait pas léguer à ses enfants : « *Le sers n'a nul hoirs fors son seigneur, et li enfants n'i ont rien* ».

Les prédicateurs ne cessaient de tonner contre ce droit, et ils comparaient les seigneurs qui se jetaient sur les dépouilles des morts, aux corbeaux se repaissant de cadavres.

(1) Voir : Saint Louis, *Son gouvernement et sa politique*, par M. Leçoy de la Marche, ch. XV.

Le formariage était une atteinte à ce qu'il y a de plus intime dans les sentiments de l'homme. A l'origine, le serf ne pouvait pas se marier sans le consentement de son seigneur. Plus tard ce droit fut restreint, mais le serf n'avait pas la liberté d'épouser une femme au dessus de sa condition ou en dehors de la seigneurie.

La charte de 1311 et l'édit de Louis X abolirent ces servitudes, et on a vu, par les termes mêmes de Charles de Valois, que l'émancipation fut le fruit des idées chrétiennes (1).

Si dès les premières années du XIVe siècle, on avait proclamé le droit à la liberté et l'abolition de la « servitude tant haineuse »; si la main-morte et le formariage avaient été jugés indignes « d'une créature humaine formée à l'image de Notre Seigneur », comment se fait-il que la société n'ait pas con-

(1) Il faut en dire autant des chartes de Louis VII et de Philippe-Auguste : voir *Recueil général des anciennes lois françaises*, tome I, voir aussi M. Beaune : *De la condition des personnes*, p. 269, Paris, 1882.

tinué à marcher toujours dans une voie qui, sans secousses et naturellement, devait conduire au triomphe de ces principes éminemment chrétiens?

Le progrès devait être d'autant plus facile et rapide, qu'avant la complète émancipation des serfs, il existait deux classes d'hommes libres : *les vilains* et *les bourgeois.*

Les vilains (habitants des villages, *villarum*) étaient divisés en plusieurs catégories. Les petits propriétaires appelés *vavasseurs* tenaient les terres du seigneur moyennant une rente et certaines obligations : par exemple lui fournir un cheval. Les *hôtes* payaient une redevance, gardaient la personne et la famille du seigneur, étaient soumis à la corvée et à la taille, mais jamais *à merci :* aux *bordiers* incombaient les corvées pénibles et les travaux domestiques.

Ils étaient tous propriétaires et hommes libres, et des coutumes de plus en plus précises réglaient leurs rapports avec le maître.

On appelait *champart* les redevances en nature dont la quantité variait chaque année selon les récoltes : viennent ensuite les droits de *mouture,* de *brebiage,* de *porcage,* et les *regards*, c'est-à-dire une quantité déterminée de poules, chapons, œufs, pain, poisson, etc.

Malgré la coutume, l'arbitraire se glissait trop souvent dans les rapports entre le seigneur et le vilain, et le vice du système, c'est que, la plupart du temps, le vilain était désarmé contre les injustices.

Les vilains réunis formaient une association dans laquelle les affaires étaient délibérées en commun, et qui décidait des intérêts du village; l'usage leur concéda des droits incontestés sur les pâturages et les forêts.

L'Église, pour mettre un frein à l'humeur farouche et batailleuse des barons féodaux, leur imposa *la trêve de Dieu :* toute guerre de seigneur à seigneur fut interdite pendant deux cent soixante dix jours de l'année. Il s'établit alors des confréries de *paissiers* (amis de la paix) dont le but était le maintien de la trêve et la résistance contre quiconque serait tenté de la rompre.

Les villes furent le centre de ces confréries, car derrière leurs épaisses murailles, les bourgeois étaient plus en mesure que les vilains, de résister aux entreprises des barons, et le serment communal s'appela *le serment de la paix*. Les bourgeois ne s'en tinrent pas là. Appuyés sur le sentiment de la force que donne l'association, ils ne se contentèrent pas de la paix, ils voulurent l'indépendance et l'autonomie.

Alors parurent ces chartes tantôt arrachées tantôt accordées de bonne grâce et parfois achetées, qui, de concert avec la royauté, assurèrent la vie et l'indépendance de la commune (1).

Les bourgeois étaient libres, leurs droits étaient nombreux, et leurs villes jouissaient de privilèges dont les revendications forment une des parties les plus intéressantes et les plus mouvementées de l'histoire du moyen-âge. La trève de Dieu imposée par l'Église et les confréries des *paissiers*, instituées pour la faire respecter, sont donc l'origine première de la liberté communale (2).

(1) La théorie de M. Augustin Thierry assignant l'origine des communes au municipe ou à la ghilde est fort discutée aujourd'hui et à peu près abandonnée. V. M. Lecoy de la Marche : *Saint-Louis Son gouvernement et sa politique*, ch. XIV°.

(2) On s'imagine volontiers que la féodalité fut

l'âge d'or d'une société chrétienne, rien n'est plus faux. « Ce qui étonne dans les origines de la féodalité, dit Ozanam, c'est de n'y trouver rien de chrétien. Le christianisme sacrait les rois, il affranchissait les peuples ; on ne voit pas qu'il ait rien fait pour affermir le pouvoir des nobles. Sans doute, il finit par bénir la chevalerie, par lui ouvrir la carrière des croisades et les cloîtres guerriers du Temple et de l'Hôpital ; mais il ne pouvait consacrer *le principe païen de l'inégalité des races* ». (*La civilisation chrétienne chez les Francs* : ch. VIIIe). — Mgr Cavagnis, professeur au collège romain, reconnait que la féodalité fut utile et même nécessaire dans les temps barbares mais il ajoute : « C'est là l'organisme imparfait d'une société imparfaite...... c'est un système peu juridique et encore moins civilisateur ». Il termine en disant : « Cet aperçu peut nous suffire, puisque, *heureusement*, nous parlons d'un état de chose qui de nos jours n'existe que par le souvenir de l'histoire » (Paris, P. Lethielleux). (*Notions du droit public naturel et ecclésiastique:* ch. II, § 8). Le savant professeur se félicite donc de la disparition d'un état de choses qui, dans l'esprit de beaucoup de contemporains est, pour l'Église, la cause d'inconsolables regrets.

CHAPITRE III

LES ÉTATS-GÉNÉRAUX.

Étienne Marcel et l'Évêque de Laon en 1357. — Les réformes promises ne sont pas exécutées. — Discours de Philippe Pot et de Jean Masselin aux États-Généraux de 1484. — Les doléances du peuple. — Louis XII et le cardinal d'Amboise. — La doctrine traditionnelle.

Nous nous sommes demandé, dans le chapitre précédent, pourquoi, avec tant d'éléments d'émancipation et de chartes libérales, les progrès vers l'égalité et la liberté n'avaient pas été plus rapides. Il y a à cela plusieurs causes.

D'abord l'unité française n'était pas faite et les chartes étaient toujours locales : une charte de Philippe-Auguste, par exemple, ne concerne que les habitants d'Orléans, et le roi a bien soin de déterminer les limites au delà desquelles elle ne doit pas s'étendre.

Mais il y a une cause plus générale et plus

profonde qui touche à ce qu'il y a de plus intime dans notre histoire nationale.

Les communes jouissaient de libertés fort étendues, elles se gouvernaient par elles-mêmes et elles formaient comme autant de petites républiques indépendantes (1). Si elles n'avaient eu affaire qu'au suzerain immédiat qui, de gré ou de force, leur avait octroyé une charte, elles auraient conservé intact le trésor de leurs libertés, mais elles succombèrent devant un maître plus redoutable dont la puissance s'était accrue de tous les pouvoirs conquis sur une multitude de seigneurs.

La commune était donc, avec ses privilèges et ses libertés, ce que nous appellerions aujourd'hui une Constitution. Or, une Constitution, surtout quand elle a des adversaires intéressés à sa perte, est une barrière bien fragile.

Mais sur les ruines des libertés communales, le Tiers-État subsistait toujours, ne ces-

(1) Voir pour la constitution communale d'Amiens : *Essai sur l'histoire du Tiers-État*, par M. Aug. Thierry. Second fragment.

sant jamais d'augmenter sa force, son savoir, son importance (1); seulement il n'avait plus l'arme qui aurait assuré son triomphe, la liberté politique. Si les libertés communales et le Tiers-État avaient suivi la même marche ascensionnelle, il est évident que les principes proclamés par la charte de 1311 n'auraient pas eu de peine à transformer rapidement la société française.

Certes, nous ne sommes pas de ceux qui ont le triste courage d'insulter à des vaincus, mais, il faut bien le dire aussi puisque c'est une vérité historique et indiscutable, la royauté, en devenant pouvoir absolu, ne fut pas une des moindres causes de la lenteur de cette transformation.

De concert avec la royauté, le Tiers-État lutta d'abord contre la noblesse féodale dont le joug lui paraissait plus lourd parce qu'il était plus immédiat. Dans la suite, il considéra son ancienne alliée comme son adversaire, parce que la royauté, après avoir concentré dans ses mains la puissance de la

(1) Voir M. Guizot : *Histoire de la civilisation en France*, tome IV, ch. I et suiv.

féodalité, détruite comme rivale, l'avait maintenue comme classe privilégiée et ornement du trône. D'autre part, la royauté après sa victoire sur la noblesse féodale, s'attaqua au Tiers-État par la confiscation de toutes les immunités et surtout par la suppression des États-Généraux : suppression si amèrement déplorée par le génie prévoyant de Fénelon (1). La royauté consomma ainsi une des plus profondes révolutions de notre histoire. Il est nécessaire d'en rappeler les traits principaux, sans cela on comprendrait difficilement le mouvement d'où est sortie la société moderne.

On sait que les premiers États-Généraux furent convoqués en 1302 par Philippe le Bel « le plus despotique de nos rois », dit un historien (2). Aux prises avec les plus grands embarras causés par ses violences, ses dilapidations et ses folles entreprises, le roi, en

(1) Il aurait voulu qu'ils fussent convoqués tous les trois ans. *Histoire de Fénelon par le cardinal de Beausset*, tome IV, livre 7e.

(2) M. Duruy : *Histoire de France*, tome I, ch. XVI.

convoquant les États-Généraux, reconnaissait implicitement le droit de la nation d'intervenir dans les affaires publiques. Il est même digne de remarque que, dans ces premières assises solennelles de la représentation nationale, la voix *du commun peuple* fut recueillie au même titre que celle des barons et des dignitaires de l'Église. Quand, bien des siècles plus tard, le commun peuple prétendit que sa voix devait être écoutée aussi respectueusement que celle des deux autres ordres, ce ne fut donc pas une nouveauté : cette prétention fort légitime datait de la première de nos assemblées.

Malgré cet honneur et ces avantages, le Tiers-État semble, pendant plusieurs années, se désintéresser de la tenue des États-Généraux. Ils lui étaient suspects, car ils aboutissaient toujours à de nouvelles demandes d'argent, mais il ne pouvait s'empêcher d'être frappé du contraste qu'offrait les désordres de l'administration royale, et la régularité de l'administration communale surveillée de très près par tous ceux qui avaient intérêt à ne pas voir gaspiller les fonds qu'ils avaient votés. Le Tiers-État eut donc la pensée bien naturelle d'appliquer au gouvernement central les principes dont il avait apprécié la sagesse sur un théâtre plus restreint : c'est ce qui explique l'esprit des États-Généraux de 1356 et de l'année suivante (1).

La nouvelle de la désastreuse bataille de Poitiers sema dans tout le pays la consternation, la colère et l'effroi. Les vaincus, libres sur parole, se mirent à pressurer leurs vassaux pour obtenir le prix de leur rançon, et l'émotion était à son comble quand le Dauphin convoqua les États. Ils exigèrent immédiatement une commission composée de gens d'église, de barons et de bourgeois qui gouvernerait conjointement avec le régent du royaume. Celui-ci, effrayé d'une telle audace, congédia l'assemblée ; mais, le trésor étant vide, il fallut bien la convoquer de nouveau.

Les sentiments qui alors firent explosion prouvent quel était au XIVe siècle le vérita-

(1) Voir : M. Aug. Thierry : *Histoire du Tiers-Etat*, ch. II.

ble esprit de la nation en matière de gouvernement : après avoir parcouru les cahiers de 1357, est-il possible de dire que la monarchie absolue est une tradition nationale ?

Deux hommes résument le mouvement de 1357, un bourgeois, Etienne Marcel, et un évêque, Robert le Coq, évêque de Laon. Qu'on ne s'étonne pas si nous insistons sur cette communauté d'idées entre l'évêque et le prévôt (1).

L'évêque et le prévôt des marchands présentèrent au Dauphin les doléances de la dernière session, et demandèrent que les cahiers fussent envoyés, pour leur être soumis, aux États de chaque province : c'était un appel à la nation. Un mois suffit pour cette consultation, et les cahiers revinrent sanctionnés par l'assentiment national.

(1) Qu'on ne nous accuse pas d'excuser les violences dont, peu après, Etienne Marcel se rendit coupable, nous les réprouvons aussi énergiquement que qui que ce soit ; nous ne serons jamais partisans de la doctrine *du bloc* qui ne fait aucune distinction entre les revendications légitimes et des crimes.

Le Dauphin convoqua l'assemblée (3 mars) et l'évêque de Laon y prit la parole au nom des trois Ordres. Il demanda au prince d'éloigner de sa personne et de priver de toute participation au gouvernement, vingt deux de ses conseillers qu'on accusait d'avoir dilapidé les fonds destinés à la défense du pays; il réclama des garanties contre les abus et des mesures pour en empêcher le retour. Les plus importantes étaient : la réunion des États-Généraux deux fois par an et une commission permanente de trente six membres, choisis dans les trois ordres, pour veiller à l'exécution des lois et assister le Dauphin dans la défense du royaume. Les États auraient, en outre, le droit d'élire des envoyés qui iraient dans les provinces percevoir l'impôt, payer les officiers du roi, assembler les États provinciaux, etc...

Quand l'évêque eut fini sa harangue, Jean de Picquigny au nom de la noblesse, et Etienne Marcel au nom des bourgeois, déclarèrent que l'orateur avait parfaitement rendu la pensée et les désirs des États-Généraux.

Le Dauphin fit droit à toutes ces réclamations, et il publia la célèbre grande Ordonnance de 1357 (1). Elle comprend soixante et un articles dont voici les principaux :

1° Les États-Généraux auront lieu deux fois par an, et, dans l'intervalle, un conseil de 36 membres assistera le prince dans l'administration du royaume.

2° Des délégués des États seront envoyés dans les provinces pour châtier tous les fonctionnaires prévaricateurs et recueillir les doléances.

3° Les impôts seront votés et levés par les États qui en surveilleront eux-mêmes l'emploi.

4° Il ne sera plus permis de changer ou d'altérer les monnaies.

5° Les gens d'armes seront payés par les États : tout Français devra porter les armes, et les nobles ne pourront plus guerroyer entre eux.

6° Le droit *de prise* (prendre pendant les voyages du roi tout ce qui était nécessaire à sa maison, et commettre ainsi mille exactions) le droit de prise est supprimé, et les

(1) Voir le *recueil des anciennes lois françaises;* tome IV, p 814.

bourgeois pourront résister par les armes à ceux qui voudraient l'exercer encore.

Maintes fois, dans la grande Ordonnance, le Dauphin promet, sur les saints Évangiles, d'exaucer les vœux des États-Généraux, et de réformer les abus qui lui ont été signalés, et cependant les améliorations promises ne furent ni exécutées ni même essayées. Cela tient à plusieurs causes.

L'inexpérience des États; le mauvais vouloir du Dauphin ; et l'indifférence de la nation pour des réformes dont elle ne sentait pas encore tout le prix.

Les États comprirent sans doute combien il leur importait de s'assembler quand les affaires du royaume l'exigeraient, mais, au lieu de fixer l'époque régulière et périodique de leur réunion, ils se contentèrent de réclamer, d'une manière vague et indéterminée, le privilège de s'assembler à leur gré, et surtout ils négligèrent de désigner celui auquel il appartiendrait de les convoquer. Dès lors le privilège était illusoire car, dit un commentateur de la grande Ordonnance, « à moins d'une inspiration miraculeuse, le clergé, la noblesse et les communes ne pouvaient pas envoyer en même temps, ni dans le même lieu, leurs députés pour représenter la nation ». Ils ne savaient donc ni qui les convoquerait, ni où ils se réuniraient, et dès lors la tentative devait avorter, car elle était privée de la condition essentielle et pratique qui aurait pu la faire aboutir. Les États de 1358 virent ce qu'il y avait à faire, mais ils ne prirent pas des moyens en conséquence, aussi le Dauphin n'eut pas de peine à se dégager de ses promesses. Les conseillers disgraciés furent rappelés, le régent déclara nulle et non avenue la clause qui lui imposait un conseil, et ce qui excita le plus le mécontentement des bourgeois, c'est que, malgré ses serments, il changea le prix des monnaies. Les instigateurs, vrais ou supposés, des résolutions des États, furent poursuivis ; quelques-uns même livrés au dernier supplice. Comment s'opposer légalement à ce retour offensif du Pouvoir que l'inexpérience des États n'avait pas prévu?... On employa le moyen qui perd les meilleures causes, la violence ; aussi les projets de réforme auxquels la nation ne s'associa pas, parce qu'ils étaient prématurés, se perdirent dans une émeute et, après le meurtre d'Étienne Marcel, le Dauphin entra vainqueur dans Paris (1).

Louis XI est le modèle accompli d'un politique qui n'a jamais eu le moindre scrupule sur les moyens à employer pour arriver à un but. Ruses, fourberies, parjures, crimes et même quelquefois la justice, tout lui était également bon, pourvu qu'il reculât toujours les limites de sa puissance; il fallait que tout pliât devant lui, et, s'il a puissamment contribué à fonder l'unité française, il est impossible de l'absoudre de son profond mépris des lois les plus élémentaires de la morale. Son frère, gouverneur de Guyenne, causait des

(1) Le roi Jean acheta sa liberté au prix du traité de Brétigny et de trois millions d'écus d'or. Il rentra dans la France mutilée et agonisante pour donner le duché de Bourgogne à son fils Philippe le Hardi. Don fatal qui faillit perdre la France au siècle suivant, et qui, par le mariage de Marie de Bourgogne et de Maximilien d'Autriche, prépara la grandeur colossale de Charles-Quint.

troubles dans l'État ; sa cour était le centre de mille intrigues, et, par lui, une nouvelle et puissante maison féodale était en voie de formation. Le gouverneur de Guyenne tomba gravement malade, et quand le roi apprit qu'il n'avait plus guère que quinze jours à vivre, il ne cacha pas sa joie : « Je m'en suis signé de la tête jusqu'aux pieds », écrivait-il au comte de Dammartin.

Il fut fortement soupçonné d'avoir aidé à la maladie de son frère, ou, pour parler plus clair, de l'avoir fait empoisonner par l'abbé de Saint-Jean d'Angély. Ce qu'il y a de certain c'est que l'abbé fut accusé, jugé, emprisonné et, un jour, on le trouva mort dans sa prison. Louis XI se fit apporter les pièces du procès, les détruisit et combla de faveurs les juges complaisants. A quelque temps de là il vint faire un pèlerinage à N.-D. de Cléry, et, dévotement agenouillé aux pieds de l'image il lui dit : « Ah ! ma bonne Dame, ma grande amie, en qui j'ai mis toujours mon réconfort, je te prie de supplier Dieu pour moi, et d'être mon avocate auprès de lui, pour qu'il me pardonne la mort de mon frère, que j'ai fait empoisonner par ce méchant abbé de

Saint-Jean. Je m'en confesse à toi comme à ma bonne patronne et maîtresse. Mais aussi qu'eussé-je su faire ?... Il ne faisait que troubler mon royaume. Fais-moi donc pardonner, et je sais bien ce que je te donnerai ». Le fou du roi qui entendit cette prière d'un genre spécial à l'usage de Louis XI, se hasarda à en plaisanter devant tout le monde : le pauvre fou disparut et oncques on ne le revit. Sous ce règne il n'était pas rare de voir flotter sur les fleuves des sacs sur lesquels on lisait : « Laissez passer la justice du roi ».

A sa mort, les grands vassaux levèrent la tête, et voulurent reprendre l'autorité dont ils avaient été dépouillés ; le peuple fortement pressuré par le despote avait hâte de faire entendre ses doléances ; les États-Généraux furent donc convoqués à Tours le 4 janvier 1484.

L'assemblée de Tours fut extrêmement importante à tous égards. D'abord elle marque l'entrée en scène d'une classe d'habitants qui jusqu'alors avait été tenue à l'écart : les paysans prirent part aux élections ; les délibérations eurent lieu, non par ordres, mais par têtes dans six bureaux correspondant à autant de régions, et jamais le pouvoir souverain des États ne fut plus nettement affirmé, jamais aussi les conditions d'une véritable représentation nationale n'avaient été mieux remplies.

La première question débattue fut celle de la garde et de l'éducation du jeune roi (1). Quelques orateurs soutinrent que l'Assemblée n'avait pas à s'en occuper; ce soin revenant de plein droit à la famille royale, et que, dans le cas ou le roi ne pourrait pas exercer son pouvoir, les princes du sang seuls étaient appelés à le remplacer.

Ce fut alors que Philippe Pot, l'un des plus sages conseillers de l'ancienne maison de Bourgogne et député de la noblesse bourguignonne, prononça le discours célèbre que l'histoire a soigneusement conservé : « Si je ne savais, dit-il, ce que pense, sur la liberté et l'autorité des États, la partie la plus éclairée de cette assemblée, je n'aurais garde de m'opposer ici aux vaines clameurs de la multi-

(1) Charles VIII avait treize ans à la mort de Louis XI.

tude; mais après les preuves que vous avez déjà données de votre discernement et de vos lumières, je ne dois plus craindre de proposer ce que la réflexion et la lecture m'ont appris sur ce point fondamental de notre droit public. Si je parviens à me faire entendre, j'ose me flatter que ceux qui blâment les soins que nous nous donnons pour former le conseil, changeront d'avis et de langage. Avant que d'exposer les raisons sur lesquelles je prétends fonder l'autorité des États, qu'il me soit permis d'interroger un moment nos adversaires. Pensez-vous, leur demanderai-je, qu'après la mort d'un roi qui laisse un fils en bas-âge, la tutelle de l'enfant et l'administration générale du royaume appartient de droit au premier prince du sang? Non, sans doute, me répondront-ils, car ce serait exposer la vie du pupille à un danger manifeste; aussi la loi y a-t-elle pourvu; elle défère l'administration au premier prince du sang, et la tutelle à celui qui suit immédiatement dans l'ordre de la naissance. Prenez garde, leur répondrai-je, que, par cet arrangement, vous n'assurez guère la vie de votre roi : car les deux princes entre lesquels vous semblez partager l'autorité peuvent s'entendre et avoir le même intérêt. Mais de quelle loi parlez-vous? où est-elle? qui l'a faite? où l'avez-vous lue? je vous défie de satisfaire à aucune de ces questions. Si la loi dont vous parlez existait, pensez-vous que le duc d'Orléans eût consenti de mettre en arbitrage une question déjà décidée et à compromettre si facilement ses droits? ».

L'argumentation de l'orateur était sans réplique. Si, en effet, la tutelle appartenait, de droit, au premier prince du sang, la vie du pupille était fortement exposée. Les exemples du règne précédent donnaient beaucoup de poids à cette considération. On parlait d'une loi qui accordait la tutelle au premier prince du sang, et l'administration du royaume au second. Philippe Pot demandait avec raison : Cette loi, où est-elle? qui l'a faite? Si elle eût existé, le duc d'Orléans n'aurait pas consenti à soumettre aux États une question décidée déjà en sa faveur. Il concluait donc fort justement quand il ajoutait : « L'autorité sera dévolue aux États-Généraux, qui ne se chargeront pas eux-mêmes de l'administration publique, mais qui la remettront entre les mains des personnes qu'ils jugeront les plus capables de s'en acquitter ».

Après ces questions préliminaires, le député bourguignon développe la doctrine sur laquelle il appuie « ce point fondamental de notre droit public » et il ajoute :

« S'il s'élève quelque contestation par rapport à la succession au trône ou à la régence, à qui appartient-il de la décider sinon au peuple qui a d'abord élu ses rois ?... Un État ou un gouvernement quelconque est la chose publique, et la chose publique est la chose du peuple ; quand je dis le peuple, j'entends parler de la collection ou de la totalité des citoyens, et dans cette totalité sont compris les princes du sang eux-mêmes, comme chefs de la noblesse. Vous donc, qui êtes les représentants du peuple, et obligés par serment à défendre ses droits, pourriez-vous encore douter que ce ne soit à vous de régler l'administration et la forme du conseil ? Qui peut maintenant vous arrêter ? Le chancelier ne vous a-t-il pas déclaré que le roi et les princes attendent de vous ce règlement ? On m'objecte qu'immédiatement après la mort du dernier roi, et, sans attendre notre consentement, on a pourvu à l'administration et dressé un conseil, et qu'ainsi nos soins seraient désormais tardifs et superflus. Je réponds que l'État, ne pouvant se passer d'administrateurs, il a été nécessaire d'en nommer sur le champ pour vaquer aux affaires les plus urgentes ; mais que ce choix et tous les autres règlements qui ont été faits depuis la mort du roi, ne sont que des règlements provisoires, et qu'ils n'auront d'autorité qu'autant que vous les aurez confirmés. Ces assemblées d'États et le pouvoir que je leur donne, ne sont point une nouveauté, ne peuvent être ignorés par ceux qui ont lu l'histoire. Lorsqu'après la mort de Philippe le Bel, il s'éleva une dispute entre Philippe de Valois et Édouard roi d'Angleterre par rapport à la succession à la couronne, les deux contendans se soumirent, comme ils le devaient, à la décision des États-Généraux, qui prononcèrent en faveur de Philippe. Or, si dans cette occasion, les États ont pu légitimement disposer de la couronne, comment leur contesterait-on le droit de pourvoir à l'administration et à la régence? Sous le roi Jean, et lorsque ce prince valeureux, mais imprudent, fut emmené prisonnier en Angleterre, les États assemblés ne confièrent pas l'administration à son fils, quoiqu'il eût alors vingt ans accomplis ; ce ne fut que deux ans plus tard que ces mêmes États, assemblés pour la seconde fois, lui déférèrent le titre et l'autorité du régent. Enfin lorsque le roi Charles VI parvint à la couronne, âgé seulement de douze ans, ce furent aussi les États-Généraux qui, pendant le temps de la minorité, pourvurent à la régence et au gouvernement. C'est un fait dont il reste aujourd'hui des témoins. Après des autorités si positives, douterez-vous encore de vos droits ? et puisque, par la forme de votre serment, vous êtes ici assemblés pour faire et conseiller ce que, selon Dieu et votre conscience, vous jugerez de plus utile à l'État, pouvez-vous négliger le point fondamental de tous vos règlements ?... Ne souffrez pas que la nation vous accuse d'avoir trahi sa confiance et qu'un jour la postérité vous reproche de ne pas lui avoir transmis le dépôt de la liberté publique, fruit de son dit labour, pour bailler à tel peut-être qui battra le pauvre laboureur avant la fin du mois, et qui viendra déloger les chevaux qui auront labouré la terre, laquelle aura porté le fruit dont l'homme de guerre est soudoyé. Et quand le pauvre homme laboureur a payé à grand peine la quotte en quoi il était de sa taille pour la solde des gens d'armes, et qu'il se cuide conformer à ce qui lui est demeuré, espérant que ce sera pour vivre et passer son année, vient à une espasse de gens d'armes qui mangera et dégastera ce peu de bien que le pauvre homme aura réservé pour son vivre.

« Et encore y a pis, car l'homme de guerre ne se contentera pas des biens qu'il trouvera en l'hôtel du laboureur, ains le contraindra à gros coups de baston y aller quérir en la ville du vin, du pain blanc, du poisson, espicerie et autres choses excessives. Et à la vérité se n'estait Dieu qui conseille les pauvres, et leur donne patience, ils cherraient en désespoir ; et se le temps passé ont fait beaucoup de maux, encore ont-ils fait pis depuis le trespas du roy. Et se n'eust été l'espérance que le peuple avait qu'il aurait allègement au joyeux advenement du roy, ils eussent abandonné leur labour.

« Et quant à la charge importable des tailles et subsides que le pauvre peuple de ce royaume a, non pas porté, car il y a été impossible : mais sous lequel fais est mort et péry de faim, de pauvreté, la tristesse et la desplaisance innumérable, les larmes de pitié, les grands soupirs et gémissements du cœur, à peine pourraient suffire ne permettre l'explication de la griéveté d'icelles charges, et l'énormité des maux qui s'en sont suivis, et les injustices, violences et ranççonnemens qui ont été faits en levant et ravissant iceux subsides.

« Et pour toucher à icelles charges que nous pouvons appeler non pas seulement charges importables, mais charges mortelles et pestifères : qui eût jamais pensé, ne imaginé voir ainsi traité ce pauvre peuple, jadis nommé Français ; maintenant le pouvons appeler peuple de pire condition que le serf : car un serf est nourri et ce peuple a été assommé de charges importables, gages, gabelles, impositions et tailles excessives.

Et combien que au temps du roy Charles VII les cottes de tailles imposées par les paroissiens ne se comptaient que par nombre de vingt, toutefois après le trespas d'iceluy seigneur, commencèrent à être assises par cent et depuis sont crueues de cent à milliers : et en plusieurs paroisses qui n'étaient du feu roy Charles imposées que à quarante ou cinquante livres de tailles par an, se sont trouvées, l'an du trépas du roy dernier, être imposées à mille livres. Et au temps dudit roy Charles les duchés comme Normandie, Languedoc et autres, n'étaient que à milliers ; mais de présent se sont trouvés à millions.... à cause de quoi sont ensuis plusieurs grands et piteux inconvénients : car les aucuns s'en sont fuis et retraits en Angleterre, Bretaigne et ailleurs : et les autres morts de faim à grand et innumérable nombre et autres par désespoir ont tué femme et enfants et eux-mêmes voyant qu'ils n'avaient pas de quoy vivre. Et plusieurs hommes, femmes et enfants par faute de bestes sont contraints à labourer à la charrue au col : et les autres labouraient de nuit pour crainte qu'ils ne fussent de jour pris et appréhendés pour les dites tailles.

« Au moyen de quoy, parties des terres sont demourés à labourer, et tout parce qu'ils étaient soumis à la volonté d'iceux, qui voulaient eux enrichir de la substance du peuple, *et sans le consentement et délibération des trois estats*, et pareillement le pays de Languedoc a été merveilleusement vexé et travaillé des tailles et impôts; tellement que, du vivant du dit roy Charles, ils ne payaient que environ cinquante livres tournois et à l'heure du trépas du feu roy dernier, se montaient à plus de six cent mille livres. Semblablement a été fait en la France, Guienne, Bourbonnais, Rouergue, Quercy, Auverge, Forest, Beaujolais, Champaigne... et autres pays de ce royaume, chacun en son endroit, esquels pays, pour raison des dites charges, sont advenus plusieurs cas piteables et douloureux qui seraient trop longs à réciter... Ces choses considérées, semble aux dits états que le roy doit avoir pitié de son pauvre peuple, et le décharger des dites tailles et charges ainsi qu'il a fait déclarer afin qu'ils puissent vivre sous luy : et de ce l'en supplient très humblement... Et par ce moyen que toutes les tailles et autres équipollens aux tailles extraordinaires qui par en devant ont eu cours, soient du tout tollues et abolies et que désormais en ensuivant la naturelle franchise de France et la doctrine du roy saint Louis, qui commanda et bailla par doctrine à son fils, de ne prendre, ne lever tailles sur son peuple, sans grand besoin et nécessité, ne soient imposées ni exigées les dites tailles ne aides équipollens à tailles, sans premièrement *assembler les dits trois états*, et d'éclairer les causes et nécessités du roi et du royaume pour ce faire, et que les gens des dits estats le consentent en gardant les privilèges de chacun pays... Supplient les dits états au roy, qu'il lui plaise de confirmer les libertés, privilèges, franchises, provisions et juridictions des gens d'église, nobles, cités, pays et villes de ce royaume, Dauphiné et pays adjacents : et en iceux les entretenir et garder, et leur accorder que la confirmation qui en sera maintenant, vaille et serve auxdits gens nobles, pays, cités et villes, sans qu'il soit besoin au temps advenir autres lettres, impétrations ou confirmations ».

C'était donc une doctrine communément reçue en France, que le roi ne pouvait lever aucun impôt nouveau sans le consentement des États-Généraux, et comme, sans argent, tous les rouages de la machine gouvernementale sont immédiatement arrêtés, il suit de là que, selon « la naturelle franchise de France », le roi ne pouvait gouverner sans le consentement de la représentation nationale. Lorsque, plus tard, on reviendra sur cette doctrine, ce ne sera donc pas une révolution, ce sera une résurrection de la tradition du pays de France.

Après la lecture des cahiers, le chancelier annonça que le roi choisirait *lui-même* seize députés qui, de concert avec ses conseillers, discuteraient les questions soulevées dans le sein de l'Assemblée. Cette déclaration excita des murmures, car les États auraient voulu se réserver le droit de nommer leurs représentants dans le conseil du roi, et les murmures devinrent plus significatifs, quand on connut les noms des députés choisis. C'étaient en effet soit des officiers ou des pensionnaires du roi, soit des hommes peu éclairés et peu disposés à défendre les intérêts du peuple. Les seize, comprenant qu'ils étaient suspects à leurs collègues des États, se retirèrent, laissant le chancelier et les princes en face de l'Assemblée avec laquelle le connétable voulut discuter le budget de la guerre. Mais Jean Masselin, official de Rouen, fit remarquer qu'on ne pourrait rien statuer sur un chapitre spécial, si on ne communiquait aux députés un état exact de l'ensemble des dépenses, en particulier celles de la maison du roi, les gages des officiers de justice, de finance et les pensions. On leur remit donc les rôles qu'ils avaient demandés, et, à la première inspection, ils constatèrent qu'ils étaient faux : « Nous ne nous attendions pas, dit Masselin, à être traités avec tant de mépris ; et puisqu'on avait dessein de nous tromper, il fallait s'y prendre d'une manière plus adroite. Je ne relèverai pas toutes les faussetés que nous avons perçues dans les rôles ; un jour entier ne pourrait y suffire ; je me contenterai d'en offrir un ou deux exemples. Le domaine de Normandie, dont je suis député, n'est évalué, dans ses rôles, qu'à 22.000 livres.

« Il y a dans cette Assemblée des gens qui en offrent 40.000 livres et qui sont prêts à donner des cautions. Le domaine des deux

Bourgognes, qu'on sait valoir 80.000 livres, n'est porté qu'à 18.000 et ainsi de toutes les autres provinces à proportion. Les députés de toutes ces provinces sont ici présents : qu'on les interroge, et qu'on juge de la bonne foi de ceux qui ont rédigé ces rôles. Si l'on a ainsi diminué la recette, on a en revanche merveilleusement enflé la dépense... Je finis cet article par un fait qui, bien que peu important en lui-même, prouve à quelle déprédation les finances sont aujourd'hui exposées. On a porté, sur le rôle de la dépense, un article de 1200 livres pour les préparatifs de cette salle d'Assemblée ; or, il n'y a personne parmi nous qui ne voie clairement que ces frais n'ont pu excéder la somme de 300 livres. Sur un objet de si petite conséquence, et exposé à tous les regards, on ne craint point d'en imposer si vilainement, jugez, imaginez ce que ce doit être sur des objets plus considérables, et dont il est souvent impossible d'avoir des éclaircissements. Je sais qu'on a dit, pour justifier ceux qui ont rédigé ces rôles, qu'ils n'avaient eu pour objet, dans ce travail, que de nous donner le change. Si c'est là l'excuse dont ils prétendent se servir, qu'ils nous disent donc de quel droit ils osent insulter aux représentants de la nation? ». Jean Masselin concluait en offrant, à la couronne, les revenus dont elle jouissait au temps de Charles VII, c'est-à-dire la somme de douze cent mille livres. Le calcul du député de Normandie nous semble assez juste. Charles VII, avec moins de revenus (1) et plus de charges que Charles VIII, avait parfaitement administré le royaume et reconquis la Normandie et la Guyenne; les 1200 mille livres accordées à Charles VIII paraissaient donc suffisantes, et les États le suppliaient de s'en contenter.

Le chancelier répondit : L'impôt s'élevait l'année précédente à trois millions quatre cent mille livres; le roi pourrait le maintenir puisqu'il l'avait trouvé établi, mais il consentait à le réduire à quinze cent mille livres réparties sur les provinces qui du temps de Charles VII composaient la monarchie. Il se réservait un arrangement particulier pour les provinces réunies sous le

(1) Louis XI avait réuni à la couronne onze provinces.

règne précédent. Il termina en disant : « Vous pouvez vous retirer, non pas pour délibérer, car vous avez entendu les volontés du roi, mais pour vous préparer à lui témoigner dignement votre reconnaissance ». Ce discours jeta l'Assemblée dans la stupeur : elle contestait en effet tous les principes émis par le chancelier. D'après les États-Généraux, le roi n'avait pas le droit, sans leur consentement, de maintenir les impôts du temps de Louis XI, de fixer une somme plus forte que celle qui avait été votée, de se réserver, seul, l'évaluation des tailles à imposer aux nouvelles provinces.

La députation de Normandie se fit remarquer par l'énergie de son attitude. Elle disait aux conseillers du roi : « Interrogez votre conscience et dites-nous, sans déguisement, si nous, procureurs du peuple, et obligés par serment de le défendre, nous pourrions consentir à cette iniquité sans mériter la colère du ciel et l'exécration publique, et si ceux qui entreprendraient de lever ces impôts sans notre aveu ne seraient pas coupables de concussion, et obligés devant Dieu à restituer ce qu'ils auraient pris ».

La querelle s'envenima de part et d'autre, les députés se divisèrent ; ils s'entendirent cependant pour rédiger en manière de conclusion les six articles suivants :

1° Supplient très humblement les gens des trois États le roi, notre souverain seigneur, qu'il lui plaise d'expédier et accorder les articles touchant l'Église, la noblesse, le Tiers-État, la justice et la marchandise, et d'écouter ensuite les doléances particulières des députés de chaque province.

2° Pour subvenir aux frais de l'administration et assurer la tranquilité du royaume, les gens des trois États accordent au roi, leur souverain seigneur, par manière de don et octroi, et non autrement, et sans qu'on puisse dorénavant l'appeler taille, mais don et octroi, telle et semblable somme qui, du temps de Charles VII, était levée sur le royaume, et ce, pour deux ans seulement et non plus, à condition que cette somme sera répartie également sur toutes les provinces qui composent actuellement la monarchie.

3° Outre cette première somme, les États, qui désirent le bien, honneur, prospérité et augmentation du roi et du royaume, et qui veulent lui obéir et lui complaire, lui accordent la somme de trois cent mille livres une fois payée et sans tirer à conséquence, par manière de don et octroi pour son joyeux avènement à la couronne et pour subvenir aux frais de son sacre et de son entrée à Paris.

4° Qu'il plaise au roi de permettre que les États puissent commettre et déléguer quelques députés pour être présents à la répartition de ces deux sommes, et que ces députés prennent, avec les officiers des finances, les mesures les moins onéreuses pour en faire la perception; car il doit suffire au roi que cet argent entre dans son trésor; et il ne peut trouver mauvais que l'on délivre le peuple des exactions et des cruautés qui ont été ci-devant exercées par les officiers commis au recouvrement de l'impôt.

5° Conformément à un article de leurs cahiers, ils supplient et requièrent qu'il plaise au roi de faire tenir et assembler les États au bout de deux ans, et d'indiquer et déclarer dès ce moment le temps et le lieu où se tiendra cette Assemblée; car ils n'entendent pas que dorénavant on impose aucune somme de deniers sur le peuple, sans convoquer les États et avoir obtenu leur consentement conformément aux privilèges et aux libertés de ce royaume.

6° Si l'on juge, dans cette future assemblée, que les affaires du royaume permettent une diminution ou exigent des augmentations, toujours les dits États, comme très humbles et très obéissants sujets, seront prêts et appareillés de s'y employer de cœur, corps et biens, volonté et courage, sans rien épargner; en façon et manière que le roi, notre souverain seigneur, aura cause de quoi contenter son bon et loyal peuple, et de l'avoir toujours en singulier amour et perpétuelle recommandation ».

Le jeune roi retenu au château du Plessis ne put assister à la séance : Masselin prit la parole : « Nous avons espéré, dit-il, que le roi honorerait cette Assemblée de sa présence; mais puisque c'est à lui seul que s'adressent nos vœux, et qu'il est ici représenté par les princes de son sang, c'est à lui aussi que j'adresserai la parole et je lui dirai : Prince auguste, sous quels plus heureux auspices pourriez-vous commencer votre règne? La sagesse et la justice ont guidé vos premiers pas... Continuez à marcher dans la voie du conseil, défiez-vous d'une espèce meurtrière de conseillers qui assiègent l'oreille des princes et qui creusent un précipice sous leurs pas : ils vous diront qu'un roi peut tout, qu'il ne se trompe jamais, que sa volonté est la règle suprême de la justice. Un roi qui veut gouverner équitablement doit en choisir d'autres en qui il puisse placer sûrement sa confiance. Qu'il honore l'Église, parce que le mépris de la religion entraîne la dépravation des mœurs publiques et prépare la chute d'un État. Qu'il écoute avec respect les dispensateurs de la parole sacrée. Qu'il apprenne par son exemple, à ses sujets, à respecter les lois. Qu'il chérisse la noblesse, et qu'il la regarde comme le bras de l'État et le soutien du trône. Enfin qu'il vive comme un père au milieu de ses enfants, et qu'il demande souvent avec une tendre émotion : En quel état est mon peuple ? ».

Après quelques jours de discussions nouvelles, les États-Généraux se séparèrent le 15 mars 1484 (1).

(1) *Anciennes lois françaises* : tome XI.

Le roi, dans sa réponse, fit droit à la plupart des demandes, mais en fait, après tant de paroles, rien ou peu s'en faut, ne se trouva changé (1) jusqu'à l'avènement de Louis XII.

Ce prince qui mérita le titre glorieux de *Père du peuple* et dont l'administration rappelle celle de saint Louis, diminua les tailles de près d'un tiers. Sous son règne, l'agriculture et le commerce prirent une extension inconnue jusqu'alors ; les paysans purent en paix cultiver leurs terres et en recueillir les fruits. Il remit au peuple les restes d'une taxe qui avait été levée pour l'expédition de Gênes et qui avait coûté moins qu'on ne l'avait supposé : « Cet argent, dit-il, fructifiera mieux dans leurs mains que dans les miennes ». On lui rapporta que les courtisans se plaignaient de son économie et en faisaient l'objet de leurs plaisanteries : « J'aime mieux, répondit-il, les voir rire de mon avarice, que le peuple pleurer de mes dépenses ».

L'histoire a toujours associé, à son sou-

(1) Voir Aug. Thierry. *Essai sur l'histoire du Tiers-État*, ch. IV.

venir, l'un des plus purs de nos annales, le nom du cardinal Georges d'Amboise. Premier ministre et ami de Louis XII pendant vingt sept ans, le cardinal d'Amboise partageait les sentiments de son maître : « Laissez faire à Georges », disait le peuple, tant il était sûr qu'entre les mains du ministre, ses intérêts seraient toujours défendus et protégés.

Pourquoi les successeurs de Louis XII ont-ils aspiré à des titres plus pompeux mais dont aucun n'effacera la gloire solide et vraie du *Père du peuple ?* Après lui et tandis que les rois marchaient à grands pas vers la monarchie absolue, les États-Généraux ne cessèrent jamais de leur rappeler les traditions nationales. Ceux d'Orléans (1560), de Blois (1576) et (1588) ceux de Paris (1593) pendant la Ligue, posèrent la question de la souveraineté et la résolurent toujours dans le même sens que Philippe Pot en 1484 (1).

(1) En 1593, Philippe II espérait obtenir la couronne de France pour sa fille Isabelle, petite-fille de Henri II ; les ligueurs repoussèrent ces propositions et le Parlement trancha la question en

Au point de vue politique, les États-Généraux de 1789 furent donc une contre-révolution, c'est-à-dire un retour vers le passé et l'affirmation des maximes traditionnelles. Le pays les avait oubliées pendant *l'ancien régime*, ils les lui rappelèrent en y ajoutant l'égalité que les États-Généraux précédents n'avaient pas pu faire entrer dans la loi parce qu'elle n'était pas encore dans les mœurs.

Il nous reste donc à montrer les progrès de l'égalité dans les mœurs jusqu'au jour où elle fut écrite dans la loi et où fut réalisé le vœu de Charles de Valois dans sa Charte de 1311.

déclarant que « tout acte fait ou à faire pour l'établissement de prince ou princesse étrangers » serait nul de plein droit.

CHAPITRE IV

PROGRÈS DU TIERS-ÉTAT.

Une lettre de Sully. — Causes de l'élévation du Tiers-État. — L'Église et la culture intellectuelle. — Le Tiers-État et la valeur militaire. — Histoire du Grand Ferré. — Les États-Généraux de 1614. — Les évêques d'ancien régime et la charité. — Un mandement de Mgr de Noé, évêque de Lescar.

Louis XII est le dernier représentant de la royauté chrétienne : après lui, et malgré les protestations des États, la monarchie se transforme ; « aussi, De Thou appelait nos rois des *empereurs* en leur royaume, c'était toute l'autorité des Césars de Rome que les Valois et les Bourbons exercèrent » (1). Louis XV donnait la formule exacte de cette Révolution opérée par ses prédécesseurs,

(1) Duruy : *Histoire de France*, tome I, chapitre 40.

quand, le 3 mars 1766, il disait au parlement : « C'est en ma personne seule que réside l'autorité souveraine. C'est à moi seul qu'appartient le pouvoir législatif sans dépendance et sans partage. L'ordre public tout entier émane de moi, j'en suis le gardien suprême ».

Louis XI avait donné à la féodalité des coups terribles, Richelieu en consomma la ruine et, sur un signe de Louis XIV, les fils des hauts et puissants seigneurs vinrent peupler les antichambres de Versailles : les États-Généraux étaient un souvenir importun ; le droit nouveau triomphait sur toute la ligne. Comment les rois qui avaient pu raser les donjons et démanteler les murs crénelés, se trouvèrent-ils faibles quand, après une séparation de 174 ans, ils se rencontrèrent avec le Tiers-État? Où donc les fils des vilains avaient-ils puisé cette force qui fit défaut à la féodalité? Pourquoi remportèrent-ils la victoire sur ce même champ de bataille où les barons avaient succombé?

La féodalité avait cru à la toute-puissance de la force, le Tiers-État lutta avec d'autres armes qui assurèrent sa suprématie : la culture intellectuelle et la connaissance des affaires.

Qu'on ne se méprenne pas sur notre pensée.

Nous ne nous donnerons pas le ridicule et nous n'avons pas la prétention absurde de soutenir que l'intelligence est l'apanage exclusif d'une classe au détriment d'une autre; elle est un don que Dieu distribue à qui il lui plaît et dans la mesure qui lui convient. La Providence n'a aucun égard pour ces distinctions artificielles établies par les hommes. Elle accorde le génie de la guerre au grand Condé aussi bien qu'à Bonaparte, et, quand elle veut éclairer le monde, elle choisit un grand seigneur comme saint Thomas d'Aquin, ou un plébéien comme Bossuet. Nous pourrions citer des noms plus rapprochés de nous, à quoi bon ? on ne démontre pas l'évidence.

Il n'en est pas moins incontestable que les barons féodaux, absorbés par d'autres soins, négligèrent ce que l'on appelait, de leur temps, *la science des clercs ;* l'épée leur semblait une arme plus solide que la plume, et ils s'en servaient assez bien, pour que leur erreur fût excusable (1). Pendant que les barons guerroyaient, les bourgeois studieux envahissaient toutes les charges, sauf celles de gouverneurs de province, de villes, de forteresses, des grades dans l'armée et dans la maison du roi. Ils étaient dans toutes les branches de l'administration, si bien qu'à la fin du XVIe siècle ils siégeaient en majorité au conseil d'État. Sully, né gentilhomme, essaya d'exciter l'émulation des grands seigneurs ; il écrivit à Henri IV : « Sire, je ne sais pas au vrai qui vous peut avoir fait des plaintes qu'il entre plusieurs personnes dans

(1) « Nous nous sommes adressé à MM. Michelet, des archives du royaume, Champollion-Figeac de la bibliothèque royale ; aux bibliothécaires de Lille, de Dijon, de Bruxelles, pour avoir la signature de Philippe le Hardi. Les réponses de ces savants ont été unanimes : tout fait présumer que cette signature n'existe pas. Il faut donc croire que, vaillant chevalier, Philippe le Hardi, comme tous les barons du moyen-âge, dédaignait la science des clercs ». M. de Barante : *Histoire des ducs de Bourgogne*, tome II. Philippe Mansel, gouverneur de la Rochelle pour le roi d'Angleterre (1372), ne savait pas lire.

votre conseil d'État et des finances, lesquelles n'y devraient nullement être admises. Afin de parler selon ma franchise accoutumée, je ne nierai point que je n'aye souvent exhorté les princes, ducs, pairs, officiers de la couronne, et autres seigneurs d'illustre extraction et que j'ai reconnu avoir bon esprit, de quitter les cajoleries, fainéantises et baguenauderies de Court, de s'appliquer aux choses vertueuses, et, par des occupations sérieuses et intelligence des affaires, se rendre dignes de leur naissance, et capables d'être par vous honorablement employés ; et que, pour faciliter ce dessein, je n'aye convié ceux de ces qualités qui ont des brevets, de se rendre plus assidus en conseils que nous tenons pour l'Estat et les finances, les assurant qu'ils y seraient les mieux venus, moyennant qu'ils en usassent avec discrétion, et ne s'y trouvassent point plus que quatre ou cinq à la fois, afin de tenir place de pareil nombre de soutanes qui ne faisaient que nous importuner sans cesse, chose qui m'a semblé bien plus selon la dignité de Votre Majesté et de Son Estat, que de voir en ce lieu là un tas de maîtres des requestres et autres bonnets cornus, qui font une cohue de votre conseil, et voudraient volontiers réduire toutes les affaires de l'Estat et de finance en chicanerie ».

Le sage ministre qui avait sous les yeux l'exemple du cardinal d'Ossat issu d'une très modeste famille de Gascogne, et qui peut-être prévoyait Colbert, fils d'un marchand drapier de Reims, aurait voulu que les gentilshommes se rendissent capables de prendre, dans l'administration du royaume, les places occupées par la bourgeoisie : ses exhortations ne furent pas écoutées. La noblesse, fière de son sang, crut pouvoir laisser les affaires entre les mains de gens alors sans conséquence, et Louis XIV leur livra toutes les fonctions financières, politiques et judiciaires.

Louis XIV en usa ainsi par calcul autant que par nécessité. Jaloux à l'excès de son pouvoir, il ne voulait pas le partager avec des hommes qui, par leur naissance, auraient cru peut-être avoir quelques droits, tandis que le roi seul devait être tout ; et d'ailleurs, avec ce bon sens qui lui faisait si bien comprendre son *métier* de roi, il se demandait si les gens de qualité étaient capables de remplir des fonctions dont d'autres s'acquittaient si bien. A son insu, et certainement sans le vouloir, Louis XIV fut un des agents les plus actifs de l'avènement de la démocratie. Saint-Simon était plus clairvoyant; il reprochait amèrement au roi son penchant pour les gens de rien, et, au *temps de Bossuet*, il l'accusait « d'avoir perdu l'épiscopat en le remplissant de cuistres de séminaire, sans science, sans naissance, dont l'obscurité et la grossièreté faisaient tout le mérite ».

Malgré les alarmes et les anathèmes de Saint-Simon, le Tiers-État ne cessait de grandir: « Sa condition, si on l'observe depuis le XIVe siècle, présente la singularité de deux mouvements contraires, l'un de progrès, l'autre de décadence. Pendant que les emplois judiciaires et administratifs, le commerce, l'industrie, la science, les lettres, les beaux-arts, les professions libérales et les professions lucratives, l'élevaient en considération et créaient pour lui, sous mille formes, des positions importantes, ce qui dès l'origine avait fait sa force et son lustre, la liberté municipale déclinait rapidement. La législation du XVe siècle avait enlevé aux magistrats des villes l'autorité militaire, celle du XVIe leur enleva la juridiction criminelle, et soumit à un contrôle de plus en plus rigoureux leur administration financière. Le privilège de communauté libre et quasi-souveraine, qui avait protégé la renaissance et les premiers développements de l'ordre civil, fut traité de la même manière que les privilèges féodaux, et passa comme eux sous le niveau du pouvoir royal, dont chaque envahissement était alors un pas vers la civilisation et vers l'unité nationale. Mais la noblesse perdait, et ses pertes étaient irréparables ; la bourgeoisie perdait, et ses pertes n'étaient qu'apparentes ; si on lui fermait le chemin battu, de nouvelles et de plus larges voies s'ouvraient aussitôt devant elle. L'élévation continue du Tiers-État est le fait dominant et comme la loi de notre histoire. Cette loi providentielle s'est exécutée plus d'une fois à l'insu de ceux qui en étaient les agents, à l'insu ou même avec les regrets de ceux qui devaient en recueillir le fruit. Les uns pensaient ne travailler que pour eux-mêmes, les autres, s'attachant au souvenir des garanties détruites ou éludées par le pouvoir, croyaient reculer tandis qu'ils avançaient toujours. Ainsi a marché le Tiers-État depuis son avènement jusqu'aux dernières années du XVIIIe siècle. Vint alors un jour où ses représentants aux États-Généraux, se déclarant investis de la souveraineté nationale, abolissaient le régime des ordres, et fondaient en France l'unité sociale, l'égalité civile, et la liberté constitutionnelle » (1).

La culture intellectuelle a donc été la cause de l'élévation toujours croissante du Tiers-État ; or, à l'époque de sa formation, la lumière brillait dans l'Église et dans l'Église seule.

Tandis que les évêques travaillaient à l'organisation de la société nouvelle, les moines défrichaient le sol, copiaient les manuscrits et ouvraient des écoles. Chaque monastère était à la fois une ferme et une maison d'école (2) : tous les historiens sont unanimes sur ce point.

(1) Aug. Thierry: *Essai sur l'histoire du Tiers-État*, ch. IVe.

(2) Au XIIe siècle on fonda 702 monastères nou-

Chaque abbaye avait son *écolâtre*, c'est-à-dire son régent des études chargé de surveiller tout ce qui regarde l'enseignement. Au XIIIe siècle les élèves, de la classe populaire étaient logés dans des externats et fréquentaient l'école du couvent où on leur apprenait la lecture, l'écriture, le calcul et la grammaire ; on les poussait même quelquefois jusqu'au vers latin. Les évêques suivaient l'exemple des abbés, et ils invitaient les curés à transformer leur presbytère en maison d'école : « Que les prêtres établissent des écoles dans les villages et les bourgs, dit Théodulphe, évêque d'Orléans, et, si quelqu'un de leurs paroissiens veut leur confier ses enfants pour leur apprendre les lettres, qu'ils se gardent de les rebuter ; au contraire, qu'ils s'appliquent à leur éducation avec une charité extrême, et, lorsqu'ils les instruiront, qu'ils se gardent d'exiger

veaux ; 287 au XIIIe. Avant cette époque, les conciles de Vaison (529), de Tours (576), de Rouen (700), de Mâcon (829), avaient recommandé et, au besoin, ordonné au clergé d'instruire les enfants du peuple.

d'eux aucun prix en retour de ce service ; qu'ils ne reçoivent rien, si ce n'est ce que les parents voudront bien leur offrir par esprit de charité ». Instruire gratuitement les enfants du peuple a donc été, dès l'origine, l'ardent désir de l'Église.

« Lorsque la vieille Rome tomba vaincue et toute sanglante aux pieds des Barbares, l'Église romaine recueillit l'esprit humain comme un pauvre enfant abandonné, que, dans le sac d'une ville, on trouve expirant sur le sein de sa mère égorgée. Elle le recueillit, elle le cacha dans ces asiles dont notre siècle a tant aimé l'architecture mystérieuse et hardie ! Là, elle le nourrit des lettres grecques et latines, elle lui enseigna tout ce qu'elle savait, et personne alors ne savait davantage » (1).

Les universités étaient le centre de l'enseignement supérieur, et la plus célèbre de toutes, celle de Paris, fut hautement encouragée et protégée par les Papes. Innocent III promulgue deux Bulles en sa faveur, Grégoire IX et Innocent IV confirment ses règle-

(1) M. Thiers : discours du 13 avril 1865.

ments et lui confèrent de grands privilèges ; son Recteur est maître chez lui, siège au conseil royal et marche de pair avec l'évêque de Paris. Les écoliers accourent en foule : au XVe siècle, elle en compte près de vingt mille.

De leur côté, les ordres mendiants, nés au XIIIe siècle, fondent eux aussi des *studia generalia* où les religieux de toutes les nationalités iront écouter les leçons de maîtres fameux, et Robert Sorbon empruntera, au *studium generale* des Dominicains de la rue Saint-Jacques, des règlements qu'il appliquera à la Sorbonne (1).

Les élèves formés par les *écolâtres* et par les universités étaient capables de remplir les charges publiques, car on leur avait appris tout ce que l'on savait alors, et ceux d'entr'eux qui se montraient les plus intelligents et les plus studieux étaient naturellement choisis pour occuper des fonctions qui exigeaient de l'application, de l'intelligence

(1) Voir : *Le XIIIe siècle littéraire et scientifique*, par M. Lecoy de la Marche, chapitre IIe. Voir surtout l'ouvrage du P. Denifle de l'Ordre des Frères Prêcheurs : *Chartularium universitatis parisiensis;* deux vol. grand in-4°.

et du travail. C'est ainsi que le Tiers-État obtint, dans toutes les branches de l'administration, une influence prépondérante ; il en fut en grande partie redevable à l'Église qui, par son enseignement, l'avait rendu apte à s'occuper des affaires et à les mener à bonne fin.

Nous avons dit plus haut que la noblesse, dédaignant la science des clercs, s'était réfugiée, à peu près exclusivement, dans le métier des armes. Elle y acquit une renommée immortelle, sa bravoure est restée légendaire : rien n'égalait sa valeur et sa fougue quand elle s'élançait au combat avec une ardeur héroïque et parfois téméraire. Toutes les fois que le pays lui a demandé son sang, elle l'a donné sans compter, et il ne faut pas remonter bien loin pour se convaincre que ses fils n'ont pas dégénéré.

Malgré les ombres que projettent encore sur notre histoire des souvenirs douloureux, ne peut-on pas affirmer que la bravoure est un des traits caractéristiques de notre race (1) ? Le Tiers-État n'a-t-il pas sa part

(1) « Notre génie, c'est le génie militaire, la

de lauriers dans cette moisson de gloire, et les bourgeois des communes ont-ils fait mauvaise figure à la bataille de Bouvines où ils frappèrent si fort et si ferme que les barons en étaient stupéfaits ?

Une ordonnance de Charles VII, en 1448, créa l'infanterie française : chaque paroisse dut fournir « un bon compagnon qui eût fait la guerre » et dont les armes étaient la dague et l'arbalète.

Évidemment l'arbalétrier de Charles VII ne devint pas, du jour au lendemain, un guerrier accompli ; mais laissez-le se perfectionner, il sera plus tard le fantassin de Rocroy, de Jemmapes et d'Austerlitz.

C'était pendant la guerre de cent ans. Le 28 octobre 1359, le roi d'Angleterre débarqua à Calais pour aller tout simplement se faire sacrer à Reims. L'archevêque lui en ferma les portes, et les troupes d'Édouard se répandirent dans le pays mettant tout à feu et à sang. Les bourgeois étaient à l'abri derrière les murailles de leurs villes et les nobles dans leurs châteaux, l'ennemi tomba

France est un soldat ». Chateaubriand ; *De la monarchie élective.*

sur les paysans sans défense, qui endurèrent tous les maux que la guerre traîne à sa suite. Mais le désespoir leur donna du cœur, et plus d'un Anglais se trouva à une autre fête qu'à celle du sacre de Reims.

« Il y a un lieu assez fort dans le petit village de Longueil, près de Compiègne. Les habitants voyant qu'ils seraient en péril si l'ennemi s'en emparait, demandèrent au seigneur régent et à l'abbé de Saint-Corneille, dont ils étaient serfs, la permission de le fortifier. Après l'avoir obtenue, ils y portèrent des vivres et des armes, et prirent pour capitaine un d'entr'eux, grand et bel homme, appelé Guillaume des Alouettes, et jurèrent de se défendre jusqu'à la mort. Dès que cela fut fait et connu, beaucoup accoururent des villages voisins, afin de s'y mettre en sûreté.

« Le capitaine avait pour serviteur un autre paysan très grand, très vigoureux et aussi brave qu'il était grand : c'était le grand Ferré. Malgré sa haute taille et sa force, le grand Ferré n'avait de lui-même que petite opinion, et le capitaine en faisait ce qu'il voulait.

« Les voilà donc environ deux cents, tous laboureurs et habitués à gagner leur pauvre vie avec le travail des mains. Les Anglais qui occupaient un fort près de Creil, en apprenant ces préparatifs de défense, furent pleins de mépris pour de telles gens :

« Allons chasser ces manants, dirent-ils; le lieu est bon et fort, occupons-le ». Et il fut fait comme il avait été dit. Deux cents Anglais y marchèrent. On ne faisait pas bonne garde ; les portes mêmes étaient ouvertes : ils entrèrent hardiment. Au bruit qu'ils firent, ceux du dedans, qui étaient dans les maisons, coururent aux fenêtres et voyant tant d'hommes bien armés, tombèrent en effroi. Le capitaine descendit toutefois avec quelques-uns des siens et se mit à frapper bravement sur les Anglais : mais bientôt entouré il fut blessé mortellement. A cette vue les autres et le grand Ferré se dirent : « Descendons et vendons chèrement notre vie, car il n'y a plus de miséricorde à attendre ». Ils se rassemblèrent et sortant soudainement par diverses portes, se précipitèrent à coups redoublés sur les Anglais; ils frappaient comme quand ils battent le grain sur l'aire. Les bras se levaient, puis s'abattaient, et à chaque coup un Anglais tombait. Quand le grand Ferré arriva près de son capitaine expirant, il fut pris d'une vive douleur et se rejeta avec furie sur l'ennemi. Comme il dépassait tous ses compagnons de la tête, on le voyait brandir sa hache, frapper, redoubler ses coups, dont pas un ne manquait son homme. Les casques étaient brisés, les têtes fendues, les bras coupés. En peu de temps il fit place nette autour de lui, en tua dix huit, en blessa bien plus. Ses compagnons, encouragés, faisaient merveille, si bien que les Anglais quittèrent la partie et prirent la fuite. Les uns sautèrent dans le fossé plein d'eau et se noyèrent; les autres se pressèrent aux portes, mais les traits y pleuvaient drus et serrés. Le grand Ferré, arrivé au milieu de la rue où ils avaient planté leur étendard, tue le porte-enseigne, se saisit du drapeau et dit à un des siens d'aller le jeter dans le fossé. Celui-ci lui montre avec effroi la masse encore épaisse des Anglais : « Suis-moi » lui dit-il; et prenant sa hache à deux mains, il frappe à droite, il frappe à gauche, et se fait un chemin jusqu'au fossé, où l'autre jette dans la boue l'enseigne ennemie. Le grand Ferré se reposa alors un moment mais retourna bientôt contre ce qui restait d'Anglais. Bien peu de ceux qui étaient venus pour faire ce coup purent s'échapper, grâce à Dieu et au grand Ferré, qui en tua, ce jour-là, plus de quarante.

« Les Anglais furent bien confus et irrités de voir que tant de leurs braves hommes d'armes avaient péri par la main de ces vilains. Le lendemain ils revinrent en plus grand nombre, mais les gens de Longueil ne les craignaient plus. Ils sortirent à leur rencontre, le grand Ferré marchant à leur tête. Quand ils le virent et qu'ils sentirent le poids de son bras et de sa hache de fer, ils auraient bien voulu n'être pas venus de ce côté-là. Ils ne s'en allèrent pas si vite que beaucoup ne fussent mortellement blessés, tués ou pris. Parmi ceux-ci se trouvèrent des hommes de haut lignage. Si les gens de Longueil avaient consenti à les mettre à rançon, comme font les nobles entr'eux, ils se fussent enrichis. Mais ils n'y voulurent pas entendre et les tuèrent disant qu'ainsi ils ne leur feraient plus tort.

« A ce dernier combat, la besogne était rude, et le grand Ferré s'y était fort échauffé. Il but de l'eau froide en quantité, il fut aussitôt pris par la fièvre. Il retourna alors à son village, rentra dans sa cabane et se mit au lit, mais plaçant près de lui sa bonne hache, une hache de fer si lourde, qu'un homme de force ordinaire pouvait à peine, à deux mains, la soulever de terre.

« Quand les Anglais apprirent que le grand Ferré était malade ils furent en liesse, et, pour ne pas lui donner le temps de se guérir, ils lui dépêchèrent douze soldats avec ordre de le tuer. Sa femme les vit venir de loin et lui cria : « Oh ! mon pauvre Ferré, voici les Anglais, que vas-tu faire ? » Lui, oublie son mal, se lève vivement, et prenant sa lourde hache, sort dans sa cour. Quand ils entrèrent : « Ah ! brigands ! vous venez pour me prendre au lit ! vous ne me tenez pas encore ».

« Il s'adossa au mur pour ne pas être entouré, et, jouant de la hache, les mit à male mort. Sur douze, il en tua cinq, le reste se sauva. Le grand Ferré retourna à son lit; mais il s'était échauffé à donner tant de coups; il but encore de l'eau froide; la fièvre redoubla, et peu de jours après, ayant reçu les sacrements, il trépassa. Le grand Ferré fut enterré au cimetière de son village; tous ses compagnons, tout le pays le pleurèrent, car, lui vivant, les Anglais n'auraient jamais osé en approcher ». — « On sent, à l'abondance des détails dans lesquels entre le chroniqueur, la sympathie du vieux moine pour ces braves paysans. Au fond des monastères, on contait leurs prouesses contre les pillards des églises; on les contait bien plus encore aux veillées dans les villages. Ces récits se répandaient lentement, mais allaient loin. Peu à peu s'amassaient au fond du cœur du peuple, cette haine de l'étranger, cet amour du pays dont l'explosion s'appelle Jeanne d'Arc » (1).

Le grand Ferré ne mania-t-il pas sa hache à Longueil aussi bien que le roi Jean à Poitiers?... En face de l'ennemi, les gens

(1) Duruy, *Histoire de France,* tome Ier, chap. 29e.

du *commun peuple* ne cédaient à personne l'honneur exclusif de verser leur sang pour le pays.

Faut-il s'étonner, qu'ayant conscience de son importance et de sa valeur, le Tiers-État ait réclamé l'égalité?

Ce sentiment se fit jour, pour la première fois, aux États-Généraux de 1614 ; les derniers avant ceux de 1789.

Dès le début, la querelle s'envenima entre la noblesse et le Tiers-État. Le député de Mesmes souleva des tempêtes en disant que les trois ordres étaient frères, fils d'une seule famille, la France : le clergé l'aîné, la noblesse le puîné, et le Tiers-État le cadet. L'orateur de la noblesse releva cette prétention avec une hauteur blessante : « J'ai honte, sire, de vous dire les termes qui de nouveau nous ont offensés; ils comparent votre État à une famille composée de trois frères... En quelle misérable condition sommes-nous tombés si cette parole est véritable... » (1). D'autres députés du même ordre accentuèrent encore ces déclarations impru-

(1) Discours du baron de Senecey.

dentes : « Nous ne voulons pas, disaient-ils, que des fils de cordonniers et de savetiers nous appellent frères ; il y a de nous à eux autant de différence comme entre le maître et le valet ».

Ces paroles, incompréhensibles aujourd'hui, étaient la protestation de l'esprit païen qui répugne à l'égalité parce que l'égalité est un fruit de l'Évangile.

Le clergé joua le rôle de modérateur entre la noblesse et le Tiers-État : « Si l'on cherche, dit un historien (1) dans les cahiers des trois ordres en quoi leurs vœux s'accordent et en quoi ils diffèrent, on trouvera qu'entre le Tiers-État et le clergé la dissidence est beaucoup moins grande qu'entre le Tiers-État et la noblesse. Le clergé, attiré d'un côté par

(1) Aug. Thierry, *Essai sur l'histoire du Tiers-État*, ch. VII. — Nous ne prenons pas sous notre responsabilité toutes les assertions de M. Aug. Thierry dans cette page. Nous ne prétendons pas non plus que le clergé, comme ordre privilégié, ne se soit jamais laissé influencer par sa situation politique ; nous disons seulement que l'esprit de son état le rapprochait du troisième ordre : c'est aussi ce que dit M. Aug. Thierry.

l'esprit libéral de ses doctrines, et de l'autre par ses intérêts comme ordre privilégié, ne suit pas en politique une direction nette ; tantôt ses votes sont pour le droit commun, la cause plébéienne, le dégrèvement des classes pauvres et opprimées, tantôt lié à la cause nobiliaire, il demande le maintien de droits spéciaux et d'exemptions abusives. Dans les questions de bien-être général, d'unité administrative et de progrès économique, il montre que la tradition des réformes ne lui est pas étrangère, qu'il n'a rien d'hostile au grand mouvement qui, depuis le XIIIe siècle, poussait la France, par la main des rois unis au peuple, hors des institutions civiles du moyen-âge. En un mot, ses sympathies évangéliques, jointes à ses sympathies d'origine, le rapprochent du Tiers-État dans tout ce qui n'affecte pas ses intérêts temporels ou l'intérêt spirituel et les prétentions de l'Église... Mais entre les deux ordres laïques la divergence est complète ».

Les trois ordres demandèrent de rester unis jusqu'à ce qu'ils eussent reçu la réponse du roi : mais lorsque, le 24 fevrier 1615, les députés du Tiers-État se rendirent à la salle de leurs séances, on leur déclara que la session était close. Ils se répandirent en plaintes et en invectives, mais aucun d'eux n'eut la pensée de répondre : « Nous sommes aujourd'hui ce que nous étions hier, délibérons ».

Entre les deux ordres laïques la divergence est complète, dit, à propos des États de 1614, l'historien que nous venons de citer, tandis que les sympathies évangéliques rapprochent le clergé du Tiers-État. Cette sympathie est bien plus accentuée encore quand, en dehors de la sphère toujours un peu agitée des assemblées politiques, le clergé rencontre le Tiers-État sur le terrain qui lui est propre, celui de la charité. Quand les grands seigneurs deviennent évêques ils oublient le langage que le baron de Senecey adressait à Louis XIII pour protester contre le principe de l'égalité ; ils lui préfèrent les maximes de l'Évangile et ils les mettent en pratique. Ils ne rougissent pas d'appeler frères « les fils des cordonniers et des savetiers », surtout quand ils sont malheureux (1).

(1) Pour les aumônes distribuées par les moi-

Écartés de la scène politique, comme tout le reste de la nation pendant 174 ans, les brillants prélats de l'ancien régime furent des hommes éminemment charitables, et la plus grande partie de leurs gros revenus passait entre les mains des pauvres. Pour plaider leur cause auprès des riches leur éloquence est tour à tour émue, persuasive ou menaçante. Écoutez un évêque gentilhomme : « Dieu, père commun de tous les hommes, et maître absolu de tous les biens, en vous comblant des bénédictions des premiers-nés, s'est réservé sur votre héritage une portion dont il fait la légitime du pauvre ; dans tous les temps, les besoins de votre frère réclament votre superflu, mais dans ces jours de colère et de deuil vous devez partager avec lui le plus pur de votre substance, vous devenez le père de l'orphelin, le tuteur du pupille, chargé de les nourrir, de les défendre, de soutenir leur humble toit qui tombe et de labourer leur champ que les ronces et les épines vont couvrir...

nes au XVIIIe siècle, voir M. Taine, *L'ancien régime*, ch. III.

« Refuser à Dieu, en la personne de ses enfants, une partie de ses bienfaits, la refuser aux descendants des pères qui nous ont enrichis aux dépens de leur postérité, à ceux même qui partagent avec nous les fruits de leurs travaux, ce serait, pour vous, riches du siècle, et pour nous, ministres des autels, je ne dis pas une injustice, mais un sacrilége ; je ne dis pas une ingratitude, mais un homicide digne du courroux du ciel et de l'animadversion des hommes.

« Quand les malheurs publics ont passé certaines bornes ; quand l'insensibilité du riche a mis le comble à la calamité, et que, las d'attendre la justice du ciel, les malheureux invoquent celle des juges de la terre, les lois alors autorisent leurs plaintes : le ministère public prend en main leur défense, et par des taxes dont personne n'est exempt, le riche est obligé de secourir le pauvre et de ramener une sorte d'égalité sur la terre.

« Voulez-vous qu'armés de ces lois et conduits par les magistrats qui en sont les dépositaires et les organes, les pauvres vous demandent, riches du siècle, la portion de l'héritage que vous leur retenez? Non, vous n'attendrez pas ces fâcheuses extrémités; nous avons conçu de vous de meilleures espérances; vous savez trop que Dieu n'accepte que les offrandes volontaires, et qu'il rejette avec horreur les dons de l'avarice, arrachés par la force ou par la crainte.

« Saint Grégoire le Grand se reprochait, comme un homicide, la mort du seul pauvre échappé à sa vigilance dans un temps de calamité, et s'en punit en s'éloignant pendant plusieurs jours des saints autels. Et nous, vraiment coupables de la mort et complices de la fuite du pauvre que nous aurons refusé de secourir, de quel front pourrions-nous partager ou célébrer les saints mystères? Ne craindrions-nous pas que la pâleur et la douleur peintes sur les visages ne troublent l'appareil du sacrifice? que les sanglots des malheureux n'interrompent le chant de nos cantiques, que leurs cris semblables à la voix du sang d'Abel, ne montent jusqu'au trône de Dieu pour en faire descendre de nouveaux fléaux, et venger peut-être par la mort des premiers-nés, le pauvre dont nous méprisions les pleurs et dont nous dévorions la substance?...

« La charité, au contraire, commençant par vous les heureux effets qu'elle aime à produire, versera dans votre âme le calme et la douceur, et finira par vous assurer l'amour et les respects de vos frères... « Songez que de tous ces biens, *nous n'emporterons avec nous que la portion que nous aurons donnée*, et que cette portion, semée dans le sein des malheureux, germera dès cette vie, et portera des fruits pour l'éternité » (1).

L'éloquent évêque prêchait aussi et surtout d'exemple. Tous les ans il donnait aux pauvres les revenus de son évêché, et, l'année où il publia ce mandement, il ajouta 45 mille livres à ses aumônes ordinaires.

Nous ne pouvons ici que renvoyer le lecteur au savant article publié par M. l'abbé Sicard dans *le Correspondant* du 25 mai 1889 : *l'Episcopat français à la veille de la Révolution*. « Il y a, dit l'auteur, une vertu que l'épiscopat pratiquait d'une façon admirable avant la Révolution : c'est la charité. La charité a été apportée au monde par le

(1) Mgr Marc-Antoine de Noé, évêque de Lescar : mandement du 10 novembre 1776.

christianisme, l'Église catholique s'est fait gloire à travers les siècles de prendre en main la cause du pauvre. Sous ce rapport, le clergé de France n'a jamais manqué à sa mission. En élevant des hôpitaux, des refuges, des asiles de tout genre, selon les besoins des temps, il a, par ses seules forces et durant quatorze cents ans, créé le capital et assuré le service gratuit de la charité. Les évêques de 1789 marchent à l'envi sur les traces de leurs prédécesseurs... on a ici l'embarras du choix ».

M. l'abbé Sicard appuie son affirmation sur les faits les plus précis et sur des chiffres qui parlent d'eux-mêmes. Quiconque aura lu ses savantes recherches en adoptera sans peine la conclusion : « En général, dit-il, on a trop jugé les évêques d'ancien régime d'après les vices bruyants d'un Loménie, d'un Rohan, d'un Talleyrand, d'après les anecdotes que raconte Saint-Simon sur quelques prélats de cour. Une vie modeste consacrée à la résidence et aux austères devoirs de l'apostolat prête peu aux auteurs de mémoires et à la chronique scandaleuse. Pour les annalistes, dix évêques irréguliers tiennent plus de place dans l'épiscopat que cent vingt pontifes occupés simplement à gouverner leur diocèse. On a pu voir, par les pages qui précèdent, combien d'hommes de foi, de vertu, de piété, comptait, en 1789, l'épiscopat français, auquel il ne manquait point, çà et là, l'auréole de la sainteté en attendant celle du martyre... Aussi à mesure que nous avancions dans nos recherches, étudiant les évêques de la vieille France, diocèse par diocèse, avons-nous vu peu à peu se dissiper les préventions qu'une espèce d'assentiment général semble avoir répandues contre eux. Nous éprouvions l'impression que Tocqueville a formulée en ces termes : « Je ne sais, dit-il, si à tout prendre et malgré les vices éclatants de quelques-uns de ses membres, il y eut jamais dans le monde un clergé plus remarquable que le clergé catholique de France au moment où la Révolution l'a surpris, plus éclairé, plus national, moins retranché dans les seules vertus privées, mieux pourvu de vertus publiques, *et en même temps de plus de foi ;* la persécution l'a bien montré. J'ai commencé l'étude de l'ancienne société plein de préjugés contre lui, je l'ai finie plein de respect » (1).

Tandis que le clergé, fidèle à sa mission, se rapproche du pauvre pour le secourir et met ainsi en pratique le précepte évangélique de la fraternité chrétienne, le Tiers-État, par sa fortune, ses talents, sa tenue, se rapproche de plus en plus de la noblesse qui, de son côté, se rapproche du Tiers-État : « La distance est presque insensible et l'égalité de fait a précédé l'égalité de droit.

« Aux approches de 1789, on aurait peine à les distinguer dans la rue... ils se trouvent de niveau par l'éducation et par les aptitudes ; l'inégalité qui les sépare est devenue blessante en devenant inutile. Instituée par la coutume, elle n'est plus consacrée par la conscience, et le Tiers s'irrite à bon droit contre des privilèges que rien ne justifie, ni la capacité du noble, ni l'incapacité du bourgeois (2)...

(1) *L'ancien régime et la Révolution.*

(2) M. Taine : *l'ancien régime* ; livre IV, ch. III. — M. Taine a analysé avec beaucoup de finesse et de savoir les causes immédiates de cette égalité de fait qui précéda l'égalité de droit.

CHAPITRE V

L'ÉGALITÉ DEVANT LA LOI.

89 fut un retour vers les traditions nationales. — Deux interprétations diamétralement opposées du mot : Révolution. — La Constituante ne fut pas une assemblée impie. — Triomphe du principe chrétien. — Les cahiers du clergé. — Les évêques et le Tiers-État à la Constituante. — La nuit du 4 août et le discours de l'évêque de Nancy.

Les États-Généraux qui précédèrent ceux de 1789 avaient tous proclamé, nous l'avons vu, le grand principe de la pondération des pouvoirs. En 1357, Robert le Coq, évêque de Laon ; en 1484, Philippe Pot, député de la noblesse, et Jean Masselin, député du Tiers, avaient dit qu'aucun impôt ne pouvait être levé sans le consentement des États, et ils appuyaient ce principe, avec toutes les conséquences qui en découlent, sur notre histoire et nos traditions nationales. Les trois ordres, clergé, noblesse et Tiers-État étaient donc d'accord sur ce point fondamental de la constitution du royaume.

Or, à dater de la Renaissance, et surtout pendant les deux siècles suivants, la royauté modifia d'une façon essentielle et radicale le pacte qui l'unissait à la nation. Elle crut pouvoir disposer, sans leur consentement, non seulement de l'argent, mais même de la personne de ses sujets :

« Les rois sont seigneurs absolus, dit Louis XIV dans ses *Mémoires*, et ont naturellement la disposition pleine et libre de tous les biens qui sont possédés aussi bien par les gens d'église que par les séculiers, pour en user en tout temps, comme de sages économes, c'est-à-dire suivant le besoin général de leur État.

« Tout ce qui se trouve dans l'étendue de leurs États, de quelque nature qu'il soit, leur appartient au même titre, et les deniers qui sont dans leur cassette, et ceux qui demeurent entre les mains de leurs trésoriers et ceux qu'ils laissent dans le commerce de leurs peuples. La France est une monarchie : le roi y représente la nation entière, et chaque particulier ne représente qu'un seul individu envers le roi. Par conséquent, toute puissance, toute autorité réside dans les mains du roi, et il ne peut y en avoir dans le royaume que celle qu'il établit ».

D'après cette doctrine, le roi peut donc puiser dans la cassette de ses sujets aussi librement que dans la sienne propre, et on sait que Louis XIV ne s'en fit pas faute.

L'homme tient naturellement à son argent, mais sa personne lui est encore plus chère que ses biens : or, avec *les lettres de cachet* les personnes ne furent pas plus à l'abri que les cassettes. Sur ordre du roi, un citoyen était enlevé par la police, jeté dans une forteresse où on le retenait sans jugement, sans qu'il sût ni pourquoi ni pour combien de temps il était détenu : « Avec les lettres de cachet, Sire, disait Malesherbes à Louis XV, aucun citoyen n'est assuré de ne pas voir sa liberté sacrifiée à une vengeance, car personne n'est assez grand pour être à l'abri de la haine d'un ministre, ni assez petit pour n'être pas digne de celle d'un commis des fermes ».

Pendant la régence, le spéculateur Law émit des actions pour l'exploitation des mines d'or de la Louisiane; un militaire qui avait habité les bords du Mississipi, commit l'imprudence de dire que tout ce qu'on en débitait était faux : on le fit taire en l'enfermant dans la Bastille.

L'abus était si grand que, même sous Louis XVI, que personne cependant n'accusera de cruauté, un évêque, réclamant contre une lettre de cachet au sujet de son frère injustement condamné, s'attira cette réplique du comte de Vergennes : « M. l'Évêque, tout cela est fort bon; mais contestez-vous au roi le droit de disposer du sort d'un de ses sujets » (1)?

En un mot, la parole du maréchal de Villeroi montrant à Louis XV le peuple qui se pressait dans le jardin des Tuileries et lui disant : « Mon maître, tout cela est à vous » est la formule exacte de la Révolution consommée par la royauté d'ancien régime.

Les États-Généraux de 1789 furent donc une contre-révolution, c'est-à-dire un retour vers les traditions nationales.

(1) Voir *Notice historique* sur Mgr de Noé, évêque de Lescar.

Les chartes si libérales du moyen-âge étaient locales, les États-Généraux étaient transitoires, mais, Chartes et États-Généraux avaient pour but d'opposer une digue aux envahissements du pouvoir central. Quand donc, le 20 juin 1789, les députés jurèrent de ne pas se séparer avant d'avoir donné une Constitution à la France, ils ne firent qu'étendre, au pays tout entier, le bénéfice des chartes, et que réaliser le vœu de leurs prédécesseurs de 1357 et de 1484.

L'Angleterre avait sa Charte de 1215, mais, en France, le pouvoir royal, mal défini, flottait au gré des passions, des intérêts, des préoccupations du moment ; rien n'était stable : la nécessité d'une Constitution s'imposait. Votée en 1791, elle consacra le principe d'une monarchie tempérée.

Après avoir réglé les rapports entre la nation et le roi, il fallait s'occuper des rapports des citoyens entre eux. Avant 1789, ils se traduisaient par un seul mot : l'inégalité. Inégalité dans la condition des personnes, inégalité dans la répartition de l'impôt, inégalité dans l'admission aux fonctions publiques, inégalité même devant la justice.

Ajoutez à ces inégalités contre lesquelles avaient protesté les États-Généraux de 1614 quand ils demandaient que tous les Français fussent membres d'une même famille, ajoutez une foule de privilèges, restes d'un temps qui n'était plus, et qui accentuaient encore la division, et vous comprendrez l'enthousiasme qui s'empara de l'Assemblée lorsqu'après la nuit du 4 août elle ordonna qu'un *Te Deum* d'actions de grâces serait chanté dans toutes les églises du royaume.

Voilà, en peu de mots, l'œuvre fondamentale des États-Généraux de 1789 ; liberté politique et égalité devant la loi.

La liberté était ancienne ; ceux qui s'imaginent qu'elle date de 89 ne font pas remonter notre histoire plus haut que le XVIe siècle; et, quant à l'égalité, si elle fut écrite alors pour la première fois dans la loi, elle était déjà dans les mœurs, et c'est le christianisme qui l'y avait mise. Rappelez-vous les chartes d'affranchissement, et en particulier celle de 1311.

Avant d'aller plus loin et de rechercher quelle fut l'attitude de l'Église en face du mouvement de 89, il importe de dissiper un malentendu qui dure encore et qui est de nature à perpétuer les divisions entre des hommes qui, au fond, ne sont pas aussi séparés qu'ils le pensent.

On appelle 89 une révolution ; pour nous, il a été au contraire une contre-révolution ; mais les mots n'ont qu'une importance secondaire ; donnons, au mouvement de 89, le nom d'après lequel on le désigne et appelons-le une révolution.

Ce mot est interprété de deux manières tellement différentes qu'elles ne se ressemblent en rien.

Pour les uns, la révolution est tout simplement la réaction contre l'ancien régime, la proclamation de la liberté politique et de l'égalité devant la loi. Cette dernière surtout est l'œuvre durable de la révolution, car si, depuis, la liberté politique a subi des éclipses, l'égalité n'a jamais été entamée. Ces deux faits qui résument le mouvement de 89, ne sont évidemment en rien contraires, ni à l'esprit, ni à la doctrine de l'Église. Pour ce qui regarde la liberté politique, qu'il nous suffise de rappeler les magnifiques encycliques de Léon XIII : « La souveraineté n'est en soi nécessairement liée à aucune forme politique : elle peut fort bien s'adapter à celle-ci ou à celle-là, pourvu qu'elle soit, de fait, apte à l'utilité et au bien commun... On ne réprouve pas en soi que le peuple ait sa part plus ou moins grande au gouvernement ; cela même en certain temps et sous certaines lois, peut devenir non seulement un avantage, mais un devoir pour les citoyens... Ainsi donc, dire que l'Église voit de mauvais œil les formes plus modernes des systèmes politiques et repousse en bloc toutes les découvertes du génie contemporain, c'est une calomnie vaine et sans fondement » (1). « Les droits de la justice étant sauvegardés, les peuples peuvent choisir la forme de gouvernement qui convient le mieux à leur génie, à leurs traditions et à leurs mœurs » (2). Personne n'a oublié la célèbre Encyclique du 16 février : il est, du reste, parfaitement inutile d'insister, la question ne souffre aucune difficulté.

Il en est de même, et à plus forte raison,

(1) IMMORTALE DEI.
(2) DIUTURNUM ILLUD.

du principe éminemment chrétien de l'égalité devant la loi.

Il est donc évident que, si l'on donne au mot Révolution, la signification de liberté politique et d'égalité devant la loi il n'y a là rien qui soit contraire à l'enseignement de l'Église, et que, par conséquent, aucun catholique ne puisse accepter sans réserve.

Mais on appelle aussi quelquefois révolution l'athéisme politique. Nous prouverons tout à l'heure que les hommes de 89 étaient bien éloignés de cette conception hideuse. Outre le décret qui ordonna de chanter le *Te Deum* après la nuit du 4 août et celui du 1er juin 1790, en vertu duquel l'Assemblée décida *par acclamation* qu'elle assisterait en corps à la procession du Saint-Sacrement en l'église de Saint-Germain l'Auxerrois, d'autres faits, non moins éclatants, prouvent combien est fausse et injuste l'accusation d'impiété dirigée contre les hommes qui ont ressuscité nos vieilles libertés et proclamé l'égalité de tous les Français devant la loi (1).

(1) On n'attend pas de nous l'apologie de tous les

L'athéisme politique consiste à résoudre le problème de la souveraineté en lui assignant une cause purement humaine. L'homme seul, qu'il s'appelle le roi ou le peuple, peu importe, l'homme seul est la cause totale, la source unique de la souveraineté. Dieu n'existe pas ou du moins, dans l'espèce, on raisonne comme s'il n'existait pas, et on se passe parfaitement de son intervention dans la constitution des sociétés humaines. Le pouvoir, comme tout le reste, vient de l'homme et de l'homme seul, il suit de là que l'homme est le maître suprême : tout ce qu'il veut et tout ce qu'il fait sera bien puisqu'il est à lui-même sa règle et sa loi, et qu'au-dessus de lui il n'y a que les espaces silencieux et vides.

Cet e monstrueuse doctrine est la consé-

actes de la Constituante. Il en est quelques-uns que nous condamnons aussi énergiquement que qui que soit ; nous voulons seulement réfuter l'opinion qui en fait une assemblée foncièrement irréligieuse, une réunion d'impies et d'athées. Le 18 juin 1789, elle suspendit ses séances pour assister à la procession du Saint-Sacrement.

cration de tous les despotismes et la déification de la force brutale. Inclinez-vous devant l'homme Peuple, Roi, État, qu'importe; puisque il est le Maître, puisque sa volonté et ses caprices sont la loi, puisque tout pouvoir vient de lui et qu'on ne discute pas avec une autorité si haute.

Nous n'accepterons jamais cette doctrine dégradante. Dieu seul est la source de la souveraineté, par ce que seul il est la vérité, la loi, la justice suprêmes; seul il a le droit de commander, et tout pouvoir qui n'est pas entouré de son auréole, est despotisme, usurpation, injustice et force brutale.

Si c'est là *la Révolution* il est clair que l'Église ne pactisera jamais. Elle a une trop haute idée de la dignité de l'homme pour le placer sous le joug d'un de ses semblables qui n'aura, pour lui intimer des ordres, que son titre d'homme, c'est-à-dire que la suprématie de la force au détriment du droit.

L'athéisme politique a-t-il été l'idée qui a inspiré le mouvement de 1789? Le soutenir, c'est nier l'histoire.

A propos d'une discussion religieuse soulevée par un député, le chartreux D. Gerle,

M. de la Rochefoucauld fit adopter la déclaration suivante : « L'Assemblée nationale, considérant qu'elle n'a ni ne peut avoir aucun pouvoir à exercer sur les consciences et les opinions religieuses ; que la majesté de la religion et le respect profond qui lui est dû ne permettent pas qu'elle devienne l'objet d'une délibération ; — considérant que *l'attachement de l'Assemblée nationale au culte catholique, apostolique et romain, ne saurait être mis en doute*, dans le moment même où ce culte seul va être mis par elle à la première classe des dépenses publiques, et où par un mouvement unanime, elle a prouvé son respect, de la seule manière qui pouvait convenir au caractère de l'Assemblée nationale ; — Décrète qu'elle ne peut délibérer sur la motion proposée ».

Mirabeau n'avait donc pas lu les mandements si nombreux que les évêques d'alors ne cessaient de publier quand il disait : « Je suis scandalisé de ne pas voir des mandements civiques se répandre dans toutes les parties du royaume, et porter jusqu'à ses extrémités les plus reculées des maximes et des leçons conformes à l'esprit d'une révolution qui trouve sa sanction dans les principes mêmes et les plus familiers éléments du christianisme. La France apprendra aux nations que l'Évangile et la liberté sont les bases inséparables de la vraie législation et le fondement éternel de l'état le plus parfait du genre humain ».

La Constituante ne fut donc pas une assemblée irréligieuse et impie. Même ceux de ses membres, qui n'avaient peut-être pas des croyances bien arrêtées, rendaient témoignage à la valeur sociale des principes chrétiens : « Qu'a fait la Constituante, disait Charles Lameth, le 12 avril 1790? Elle a fondé la Constitution sur cette consolante égalité si recommandée par l'Évangile ». Quelques mois plus tard un autre député, Voidel, déclarait « que la Constitution avait consacré les maximes religieuses et civiles de ce livre qui, bien médité, peut suffire à l'instruction et au bonheur des hommes ».

Ces législateurs ne sont-ils pas au moins du nombre de ceux auxquels naguère Léon XIII faisait appel : « Il est vrai que le progrès de la vie religieuse dans les peuples est une œuvre éminemment sociale, vu l'étroite connexion entre les vérités qui sont l'âme de la vie religieuse et celles qui régissent la vie civile; il résulte de là une règle pratique qu'il ne faut pas perdre de vue et qui donne aux catholiques une largeur d'esprit toute caractéristique. Nous voulons dire que tout en se tenant ferme dans l'affirmation des dogmes, et pur de tout compromis avec l'erreur, il est de la prudence chrétienne de ne pas repousser, disons mieux, de savoir se concilier, dans la poursuite du bien, soit individuel, soit surtout social, le concours de tous les hommes honnêtes.

« La grande majorité des Français est catholique. Mais parmi ceux-là mêmes qui n'ont pas ce bonheur, beaucoup conservent, malgré tout, un fond de bon sens, une certaine rectitude que l'on peut appeler le sentiment d'une âme naturellement chrétienne; or, ce sentiment élevé leur donne, avec l'attrait du bien, l'aptitude à le réaliser, et plus d'une fois, ces dispositions intimes, ce concours généreux leur sert de préparation pour apprécier et professer la vérité chrétienne. Aussi n'avons-nous pas négligé, dans nos derniers actes, de demander à ces hommes leur coopération pour triompher de la persécution sectaire, désormais démasquée et sans frein, qui a conjuré la ruine religieuse et morale de la France » (1).

Nous avons vu, au premier chapitre de ce livre, que les ennemis du Christianisme auraient voulu, pour ne lui rien devoir, attribuer à la philosophie tout ce qu'il y a de bon et d'humain dans les codes de Justinien, comparés à la loi des Douze Tables : mais pour admettre cette hypothèse, il faudrait, dit M. Troplong « faire violence à toutes les vraisemblances ». La même objection se présente quand il s'agit de juger ce qu'il y a de généreux dans le mouvement de 1789, c'est-à-dire la proclamation de l'égalité devant la loi. On voudrait en attribuer la gloire à la philanthropie et aux philosophes rationalistes du XVIIIe siècle.

Qui donc, si ce n'est l'Église, avait mis le

(1) Lettre à Mgr l'évêque de Grenoble; 22 juin 1892.

dogme de la fraternité humaine en face du principe aristocratique de la société féodale, dont les derniers débris furent dispersés en 1789 (1)? Qui donc, dans un temps, où le monde ne connaissait que les droits du sang, avait placé au sommet des choses humaines un serf comme Adrien IV, un fils de char-

(1) Aux États-Généraux de 1576, le Tiers-État avait demandé sans l'obtenir : que les seigneurs ne pussent continuer à contraindre les laboureurs de travailler pour eux sans salaire; qu'il leur fût défendu d'établir des fours, des moulins, des pressoirs banaux et de faire couper les jarrets des chevaux de tous ceux qui vont à d'autres moulins qu'aux leurs; qu'il ne leur fût plus permis de ravager les moissons sous prétexte de droit de chasse, ni de contraindre par lettres de cachet, les jeunes filles à accepter le mari choisi par le seigneur. L'exercice de ces droits abusifs avait été évidemment adouci par le progrès des mœurs, mais ils étaient encore fort nombreux en 1789 : droits de main-morte, de taille, de corvées, de guet, de banvin, de péage, de banalité, etc., etc. « Mille formes diverses avaient été données aux privilèges des seigneurs et aux devoirs des vassaux ». M. Troplong : *De l'esprit démocratique dans le code civil.*

pentier comme Grégoire VII? C'était là le grain de sénevé qui devait un jour s'épanouir et devenir un grand arbre. Nous qui en recueillons les fruits, sachons reconnaître la main qui l'a planté et revendiquons hautement la proclamation de l'égalité devant la loi comme l'application sociale du dogme chrétien de la fraternité.

C'est ainsi du reste que l'ont compris ceux qui furent les auteurs et les contemporains du mouvement de 89, et le clergé français, qui s'y associa avec tant d'enthousiasme, était évidemment à même de le juger plus sainement que nous, venus cent ans après. Nous ne le voyons qu'à travers le voile sanglant des années qui suivirent, nous nous laissons influencer par des interprétations qui en dénaturent le caractère, mais, pris en lui-même, il est incontestablement le point de départ de cette démocratie avec laquelle l'Église n'a pas à craindre de s'allier, puisqu'elle est le fruit de ses labeurs à travers les âges et la conséquence des principes qu'elle a donnés au monde.

Pour comprendre l'esprit dont le clergé était animé au moment de la convocation des

États-Généraux, il faut lire ses cahiers : en voici le résumé (1). Le clergé demande : la réforme ecclésiastique par la tenue des synodes et des conciles ; l'abolition de la pluralité des bénéfices, l'obligation de la résidence ; que les dignités de l'Église ne soient plus données exclusivement à la noblesse, que la vertu et le mérite passent avant le sang, que des hôpitaux pour les pauvres soient établis dans les couvents riches.

Qu'il soit fait un plan d'éducation nationale ; que l'éducation ne soit plus conduite d'après des principes arbitraires, et que tous les instituteurs soient tenus de se conformer à un plan approuvé par les États-Généraux ; que, pour mettre tous les magistrats et gens en place, dans le cas d'acquérir les lumières nécessaires à leurs fonctions, il soit formé un plan d'études nationales ; que la classe des maîtres d'écoles soit perfectionnée, encouragée, améliorée, que leurs places ne soient données qu'au concours et avec l'approbation des curés ; qu'il soit formé

(1) Voir : *Journal des assemblées nationales de 1789 à 1815*, par MM. Buchez et Roux, tome I.

des pépinières de ces hommes si nécessaires ; qu'il soit établi et fondé dans toutes les paroisses *des écoles gratuites :* que les États-Généraux soient considérés désormais comme l'un des éléments indispensables du pouvoir législatif ; que les députés soient élus librement et également. Quelques cahiers veulent que les États soient permanents, d'autres demandent qu'ils soient annuels, ceux-ci qu'ils soient convoqués tous les trois ans. Quand il s'agit de déterminer le mode du vote, le plus grand nombre demande le vote par tête sur les intérêts généraux, l'impôt par exemple, et le vote par ordre pour les questions spéciales à chaque classe.

Presque tous insistent sur la nécessité d'une Constitution basée sur ces principes : le gouvernement est monarchique, la personne du roi est inviolable, la couronne est héréditaire, la nation est composée de trois ordres *égaux*, le pouvoir législatif appartient aux États-Généraux, tout règlement sera considéré comme provisoire tant qu'il n'aura pas été approuvé par les États.

On réclame des garanties pour la liberté et la propriété individuelles, l'abolition de l'esclavage des nègres, le secret des lettres, la responsabilité des ministres et de tous les agents de l'administration, la suppression des tribunaux d'exceptions, la création d'une cour d'appel dans chaque province et *d'une justice de paix* dans chaque localité; la rédaction d'un Code civil et criminel unique pour toute la France, la publicité des procédures, l'adoucissement et *l'égalité* des peines, la suppression de la torture, l'unité d'administration pour toutes les villes et l'élection des magistrats.

Le clergé est unanime sur la question de l'impôt; il renonce à ses privilèges et se prononce en faveur d'une répartition égale; il s'élève vivement contre l'immunité des fiefs nobiliaires et soutient que *les journaliers* seuls doivent être exemptés de l'impôt, et que d'ailleurs, sous aucun prétexte, il ne peut être permis de saisir les meubles et les outils du pauvre.

Enfin, le clergé propose la suppression des droits féodaux, de tous ces anciens restes, dit-il, qui sont une entrave à la liberté; il sollicite la répression de l'usure, de l'agiotage, des banqueroutes; il réclame la création de tribunaux de commerce et il insiste sur l'admission du Tiers-État aux charges réservées jusqu'alors à la noblesse seule.

Sur des questions d'un autre ordre, le clergé ne se montra pas moins ami de la concorde et de la paix. Les protestants, on le sait, n'avaient pas d'état civil : « Le retour des protestants, dit le clergé d'Évreux, et les effets civils à leurs mariages sont des objets trop graves pour qu'ils ne soient pas soumis à l'examen de la nation assemblée. Comme on peut se flatter qu'une abondance de lumière a heureusement disposé les esprits à l'union et à la concorde, nous ne pensons pas qu'on doive refuser à nos frères errants le rang qu'ils réclament dans la société au nom de la nature : beaucoup d'entre eux le méritent par leurs vertus morales et civiles ; et cet acte de justice ne peut servir qu'à les ramener, avec le temps, dans le sein de l'Église ».

On voit dans quel esprit le clergé français se rendit aux États-Généraux, et il ne faut pas s'étonner si, dès le premier jour, il appelait l'attention du roi sur le sort des pauvres : « Sire, dit l'évêque de Nancy, le peuple sur lequel vous régnez a donné des preuves non équivoques de sa patience. C'est un peuple martyr, à qui la vie semble n'avoir été laissée que pour le faire souffrir plus longtemps ».

Quand les premières discussions s'élevèrent entre les trois ordres, le clergé de 1789, comme celui de 1614, se rallia à la cause du Tiers-État, et le 21 juin vers midi et demi, Bailly annonça que la majorité du clergé allait se rendre à l'Assemblée nationale. Son entrée fut saluée par des acclamations et des applaudissements : « Messieurs, dit le vénérable archevêque de Vienne, nous venons avec joie exécuter l'arrêté pris par la majorité des députés de l'ordre du clergé aux États-Généraux.

« Cette réunion, qui n'a aujourd'hui pour objet que la vérification commune des pouvoirs, est le signal, et je puis le dire, le prélude de l'union constante qu'ils désirent avec tous les ordres, et *particulièrement avec celui de Messieurs les députés des communes* ». Le président répondit : « Messieurs, vous voyez la joie et les acclamations que votre présence fait naître dans l'Assemblée. C'est l'effet d'un sentiment bien pur : l'amour de l'union et du bien public. Vous sortez du sanctuaire, Messieurs, pour vous rendre dans cette Assemblée nationale, où nous vous attendions avec tant d'impatience. Par une délibération où a présidé l'esprit de justice et de paix, vous avez voté cette réunion désirée. La France bénira ce jour mémorable, elle inscrira vos noms dans les fastes de la patrie, et elle n'oubliera point surtout ceux des dignes pasteurs qui vous ont précédés, et qui vous avaient annoncés et promis à notre empressement. Quelle satisfaction pour nous, Messieurs! Le bien dont le désir est dans nos cœurs, le bien auquel nous allons travailler avec courage et persévérance, nous le ferons avec vous, nous le ferons en votre présence : il sera l'ouvrage de la paix et de l'amour fraternel ».

Pourquoi de misérables questions d'étiquette vinrent-elles troubler cette harmonie, et changer cette joie en pressentiments lugubres?

Le 23 juin, le roi réunit les États pour leur faire connaître ses intentions. Quand les députés du Tiers se présentèrent à la porte de la salle, elle était fermée, et ils durent attendre, sous une pluie battante, que les membres des deux premiers ordres fussent installés à leurs places. Ils se refugièrent sous un hangar, et Bailly n'obtint enfin l'ouverture des portes, qu'en menaçant de se retirer avec tout le Tiers-État. Cette avanie, qu'il était si facile d'éviter, ne le disposait pas à entendre les remontrances du roi. Louis XVI, qui avait le cœur de Louis XII, parla comme Louis XIV : son langage fut menaçant pour le Tiers-État. Il se prononça en faveur du maintien de l'ancien régime : « Toutes les propriétés sans exception seront constamment respectées, et Sa Majesté comprend expressément, sous le nom de propriétés, les dîmes, cens, rentes, *droits et devoirs féodaux et seigneuriaux*, et généralement tous les droits et prérogatives utiles et honorifiques, attachés aux terres et aux fiefs, ou appartenant aux personnes.

« Les deux premiers ordres de l'État continueront à jouir de l'exemption des charges personnelles... ». Il ordonna ensuite aux députés de se séparer et d'évacuer la salle. C'est alors que Mirabeau fit à M. de Brézé la réponse historique : « Oui, Monsieur, nous avons entendu les intentions qu'on a suggérées au roi, et vous qui ne sauriez être son organe auprès des États-Généraux, vous qui n'avez ici ni place, ni droit de parler, vous n'êtes pas fait pour nous rappeler son discours. Cependant, pour éviter tout équivoque et tout délai, je déclare que si l'on vous a chargé de nous faire sortir d'ici, vous devez demander des ordres pour employer la force ; car nous ne quitterons nos places que par la puissance des baïonnettes ». Le surlendemain la majorité du clergé vint, de nouveau, se confondre avec le Tiers-État, et, le 27, le roi lui-même écrivit aux dissidents pour leur ordonner de se joindre à leurs collègues.

La nuit du 4 août dissipa ces nuages. Après un discours véhément de M. de Qerengal, député de la Basse-Bretagne et demandant l'abolition de tous les droits féodaux, l'évêque de Nancy prend la parole : « Accoutumés, dit-il, à voir de près la douleur et la misère des peuples, les membres du clergé ne forment d'autre vœu que ceux de les voir cesser. Le rachat des droits féodaux était réservé à la nation qui veut établir la liberté ; les honorables membres qui ont déjà parlé n'ont demandé le rachat que pour les propriétaires. Je viens exprimer, au nom du clergé, le vœu de la justice, de la religion et de l'humanité ; je demande le rachat pour les fonds ecclésiastiques ; et je demande que le rachat ne tourne pas au profit du seigneur ecclésiastique, mais qu'il en soit fait des placements utiles pour l'indigence ».

La noblesse électrisée se lève pour demander la renonciation immédiate, le clergé applaudit, quelques curés offrent de sacrifier jusqu'à leur casuel. L'archevêque d'Aix, après avoir dépeint avec énergie les maux de la féodalité, propose d'annuler d'avance toute clause capable de la faire revivre et, sur la motion de l'archevêque de Paris, l'Assemblée décrète à l'unanimité un *Te Deum* d'actions de grâces. Pendant plus d'un quart d'heure la salle retentit des cris mille fois répétés : Vive le Roi ! Vive Louis XVI, restaurateur de la liberté française (1).

(1) Voir dans *le Correspondant* du 25 mai 1892, l'étude savante et si solidement documentée de

La nuit du 4 août qui créa l'unité morale de la France en supprimant les barrières qui autrefois divisaient les citoyens d'un même pays, ne fut-elle pas une application de la parole évangélique *sint unum* : l'évêque de Nancy et l'archevêque d'Aix furent-ils, comme on le prétend, les exécuteurs testamentaires de la philosophie du XVIIIe siècle ? Les faits parlent assez haut et n'ont pas besoin de commentaires. « Quoi qu'en disent les ennemis du Christianisme, c'est incontestablement de l'Évangile qu'est sorti ce mouvement d'émancipation des classes inférieures qui, après avoir détruit peu à peu l'esclavage et le servage, a fait proclamer l'égalité » (1).

M. l'abbé Sicard : *Attitude politique et religieuse des Évêques pendant la Révolution*. M. l'abbé Sicard prouve jusqu'à l'évidence que le clergé Français était de cœur et d'âme avec la nation réclamant des réformes civiles et politiques. Autant il s'opposa énergiquement aux entreprises contre la liberté de conscience, autant il adhéra avec ardeur à l'égalité civile et la liberté politique.

(1) Emile de Laveleye : *Le socialisme contemporain*, chapitre VII.

Faire l'union parmi les hommes, enlever tout ce qui peut être une cause de défiance et de discorde, proclamer l'égalité pour fonder le règne de la charité, n'est-ce pas le vœu le plus ardent de tous ceux qu'anime l'esprit de l'Évangile, et l'Église n'est-elle pas comme en famille dans une société basée sur des principes dont elle a la garde et qu'elle a fini par faire triompher à force d'abnégation, de dévouement et de persévérance ? Qui, mieux qu'elle, a le droit de parler à la démocratie moderne ? Quel langage va-t-elle lui tenir ? C'est ce qui nous reste à examiner.

CHAPITRE VI

LES INÉGALITÉS SOCIALES.

La nature est la cause et la source des inégalités sociales. — Elles sont par conséquent inévitables. — Les facultés de l'homme et son travail sont l'origine du droit de propriété. — Droit de transmission de la propriété.

L'égalité devant la loi et la forme politique qui en est l'expression la plus exacte, sont les termes extrêmes d'une société démocratique. Si cette égalité a pu être réalisée, et si elle est aujourd'hui un fait contre lequel personne ne peut songer à réclamer, c'est que les inégalités qui ont sombré dans la nuit du 4 août étaient artificielles et créées de toutes pièces par la main des hommes. Quoi de plus arbitraire, par exemple, que de déclarer inhabile au grade de capitaine tout officier qui n'aurait pas quatre quartiers de noblesse ou qui ne serait pas fils d'un chevalier de Saint-Louis ? N'est-il pas plus naturel, et par conséquent plus juste, d'admettre à n'importe quel grade tout officier qui, par son mérite, sera capable de commander une compagnie, un régiment ou même un corps d'armée ? Le plus petit artisan qui aura poussé son fils jusqu'à l'école de Saint-Cyr, rêve, pour lui, les épaulettes étoilées, et il ne lui viendra jamais dans la pensée qu'une naissance obscure sera un obstacle insurmontable à la réalisation de son beau rêve : c'est là l'égalité devant la loi. Elle est incontestablement une chose juste, mais, comme tout ce qui est humain, elle a son revers. Quand, depuis longtemps, on a joui des bienfaits de l'égalité civile, l'habitude en diminue le prestige ; on oublie ce qu'il a fallu de temps et de persévérance pour la conquérir, elle n'a plus la saveur des premiers jours, et on aspire à une autre égalité, l'égalité sociale. C'est l'écueil d'une société démocratique. Ces deux égalités sont séparées par des abîmes infranchissables, car les inégalités sociales ne sont pas, comme les inégalités civiles, le résultat de conventions humaines, elles puisent leur principe et leur raison d'être dans la nature même de l'homme, c'est-à-dire dans la volonté de Dieu auteur de la nature. Aucun législateur ne décrètera jamais que tous les citoyens d'un même pays sont également intelligents, également forts, également beaux ; un semblable décret serait parfaitement ridicule et démenti par les faits. Il n'est pas nécessaire d'étudier bien longtemps les hommes pour constater la prodigieuse variété de leur physionomie, de leurs aptitudes, de leurs tendances ; en un mot de leur inégalité au triple point de vue physique, intellectuel et moral. Quelle inégalité même chez des hommes ayant des aptitudes ou exerçant des professions semblables ! Tous les peintres ne sont pas des Raphaël, tous les poètes ne sont pas des Lamartine, tous les prédicateurs ne sont pas des Lacordaire, tous les généraux ne sont pas des Bonaparte. Que dis-je ? Le même homme n'est pas, tant s'en faut, toujours semblable à lui-même ; il est essentiellement « ondoyant et divers ». Aujourd'hui un orateur est inspiré, sa pensée s'élève sans effort jusqu'à la contemplation extatique de la vérité qu'il annonce, les images se pressent, toutes splendides, et sa parole comme un glaive étincelant entre au plus profond de l'âme ; revenez demain, la flamme est éteinte, la parole se traîne languissante, l'inspiration s'est envolée, ce n'est plus le même homme.

L'inégalité *individuelle* est donc un fait contre lequel iront se briser tous les systèmes, toutes les combinaisons, tous les efforts des niveleurs qui ne parviendront jamais à changer une des conditions essentielles de la nature humaine ; aussi les partisans les plus résolus de l'égalité civile ont toujours énergiquement protesté contre l'égalité sociale : « L'égalité civile, disait Mirabeau, n'est pas l'égalité des propriétés ou des distinctions ; elle consiste en ce que tous les citoyens sont obligés de se soumettre à la loi et ont un droit égal à la protection de la loi. Ainsi tous les citoyens sont également admissibles à tous les emplois civils, ecclésiastiques, militaires, selon la mesure de leur talent et de leur capacité ». Quand, plus tard, on put craindre que la société française, tombant dans l'abus de l'égalité civile, ne glissât dans l'égalité sociale, un autre orateur (Vergniaud), signalait les dangers de cette tendance dont les progrès sont une menace de désordres et de ruines irrémédiables : « Un tyran de l'antiquité avait un lit de fer sur lequel il faisait étendre ses victimes, mutilant celles qui étaient plus grandes que le lit, disloquant douloureusement celles qui l'étaient moins, pour leur faire atteindre le niveau. Ce tyran aimait l'égalité ; et voilà celles des scélérats qui se déchirent par leurs fureurs. L'égalité pour l'homme social n'est que celle des droits. Elle n'est pas plus celle des fortunes que celle des tailles, celle des forces, de l'esprit, de l'activité, de l'industrie et du travail ».

Cette égalité serait la plus effroyable des tyrannies, irréalisable d'ailleurs, car la nature y oppose une résistance invincible et, dit Léon XIII, « contre la nature tous les efforts sont vains. C'est elle, en effet, qui a disposé parmi les hommes des différences aussi multiples que profondes : différence d'intelligences, de talent, d'habileté, de santé, de forces ; différences nécessaires d'où naît spontanément l'inégalité des conditions » (1).

(1) Encyclique RERUM NOVARUM. Dans la même

Les différences individuelles que la nature a disposées parmi les hommes sont, en effet, la vraie cause de l'inégalité des conditions; elles en sont la conséquence logique, inévitable, et, l'inégalité des conditions est aussi nécessaire, aussi fatale, si l'on peut s'exprimer ainsi, que les inégalités personnelles. Avant d'entrer dans l'exposition détaillée de cette thèse qui touche au plus profond du problème social, qu'on nous permette un exemple. Un peintre vient de créer un chef-d'œuvre ; il a déployé toutes les ressources intellectuelles que la nature lui a départies ; il a longtemps médité, longtemps travaillé, on se dispute son tableau, les enchères montent, atteignent un prix fabuleux, et l'artiste jouit du prix de son talent et de son travail. Cet argent est à lui et bien à lui, il fera bâtir un hôtel, il peindra d'autres tableaux et ses revenus augmenteront en proportion de son travail. Son voisin, peintre lui aussi,

Encyclique, Léon XIII traite d'*absurde* l'égalité sociale tandis qu'il proclame la justice de l'égalité civile : *sunt proletarii pari jure cum locupletibus natura cives.*

voit toutes ses toiles impitoyablement refusées à chaque concours; personne n'en veut, et le malheureux artiste traîne péniblement une vie faite de déceptions et de misère; qu'il se plaigne du mauvais goût de ses contemporains, qu'il s'estime, au moins aussi capable que son heureux collègue, ceci est humain, et il ne faut pas trop lui en vouloir, mais peut-il aller réclamer la moitié du prix du chef-d'œuvre, et contester à l'auteur la paisible jouissance d'une fortune légitimement acquise? Peut-il crier à l'injustice parce que ses tableaux ne se vendent pas tandis que d'autres sont couverts d'or? Évidemment non.

Il peut regretter de n'avoir pas le talent de son rival, mais alors il s'en prend à la nature qui distribue ses dons à qui il lui plaît, et dans la mesure qui lui convient. Elle n'est pas obligée de prodiguer le génie et, bon gré mal gré, il faut bien que chacun se contente de la part qui lui est faite.

Ce qui est vrai pour un art est vrai aussi pour tous les autres et dans tout ordre de choses : la plaidoirie d'un Berryer sera mieux payée que celle d'un avocat obligé d'aller mendier ses causes ; un premier président aura des appointements plus élevés que ceux d'un juge de paix, et un général de division sera mieux logé qu'un sous-lieutenant. Ce sont là des nécessités sociales contre lesquelles peuvent s'élever les médiocrités haineuses, mais certainement elles ne les changeront pas.

En dernière analyse, les inégalités sociales ont donc leur principe dans la diversité du mérite et du travail. Or, si on les accepte sans trop de difficulté, considérées dans leur principe, on se révolte quand on les envisage dans leurs conséquences pratiques, c'est-à-dire dans la répartition des biens de la fortune. Le meilleur moyen de prouver l'injustice de ces révoltes est donc de montrer la connexion logique entre le principe et la conséquence, c'est-à-dire de rechercher le fondement même du droit de propriété. Nous étudierons ensuite les divers moyens proposés pour adoucir et améliorer le sort des humbles, avec d'autant plus de confiance que nous aurons établi sur des bases plus solides ce droit primordial sur lequel repose l'édifice tout entier. Car, il ne faut pas s'y tromper : contester le droit de propriété sous prétexte d'améliorer le sort des prolétaires, c'est, nous le démontrerons bientôt, compromettre gravement les intérêts qu'on a la prétention de défendre.

Quelle est donc l'origine du droit de propriété? « La raison intrinsèque du travail entrepris par quiconque exerce un art lucratif, le but immédiat visé par le travailleur, c'est de conquérir un bien qu'il possèdera en propre et comme lui appartenant; car s'il met à la disposition d'autrui ses forces et son industrie, ce n'est pas évidemment pour un motif autre, sinon pour obtenir de quoi pourvoir à son entretien et aux besoins de la vie, et il attend de son travail non seulement le droit au salaire, mais encore un droit strict et rigoureux d'en user comme bon lui semblera. Si donc en réduisant ses dépenses, il est arrivé à faire quelques épargnes, et si, pour s'en assurer la conservation, il les a par exemple réalisées dans un champ, il est de toute évidence que ce champ n'est pas autre chose que le salaire transformé : le fonds ainsi acquis sera la propriété de l'artisan au même titre que la rénumération même de son travail. Mais qui ne voit que c'est précisément en cela que consiste le droit de propriété mobilière et immobilière » (1).

C'est donc le travail qui est la source première du droit de propriété ; mais chacun travaille selon « ses forces et son industrie », d'où il suit que, les forces et l'industrie, n'étant pas les mêmes chez tous, le résultat du travail ne sera pas identiquement le même pour tous. Qu'on nous permette d'insister sur ces principes dont l'importance n'échappera à personne.

« Dans l'immortelle nuit du 4 août, toutes les classes de la nation, magnifiquement représentées dans l'Assemblée Constituante, pouvaient venir immoler quelque chose sur l'autel de la patrie. Elles avaient toutes, en effet, quelque chose à y apporter : les classes privilégiées leurs exemptions d'impôt, le clergé ses biens, la noblesse ses droits féodaux et ses titres, les provinces leurs constitutions séparées. Toutes les classes, en un mot, avaient un sacrifice à offrir, et elles l'accomplirent au milieu d'une joie inouïe.

(1) Rerum novarum.

Cette joie était non pas la joie de quelques-uns, mais la joie de tous, la joie du peuple affranchi des vexations de tout genre, la joie du Tiers-État relevé de son abaissement, la joie de la noblesse elle-même visiblement sensible alors au plaisir de bien faire. C'était une ivresse sans mesure, une exaltation d'humanité qui nous portait à embrasser le monde entier dans un ardent patriotisme.

« On n'a pas manqué depuis quelque temps d'agiter tant qu'on a pu les masses populaires : A-t-on produit l'élan de 1789 ?

« Assurément non. Et pourquoi ? C'est que, ce qui est fait n'est plus à faire, c'est que, dans une nuit du 4 août, on ne saurait quoi sacrifier. Y a-t-il en effet quelque part un four ou un moulin banal à supprimer ? y a-t-il des Bastilles ? y a-t-il des incapacités de religion ou de naissance ? y a-t-il quelqu'un qui ne puisse parvenir à tous les emplois ? y a-t-il d'autre inégalité que celle de l'esprit, qui n'est pas imputable à la loi, ou celle de la fortune qui dérive du droit de propriété ? Essayez maintenant, si vous pouvez, une nuit du 4 août, élevez un autel de la patrie, et dites-nous ce que vous apporterez ? Des abus, oh ! certainement il n'en manque pas, il n'en manquera dans aucun temps. Mais quelques abus sur un autel de la patrie élevé en plein vent, c'est trop peu ! il faut y apporter d'autres offrandes. Cherchez donc, cherchez dans cette société défaite, refaite tant de fois depuis 89, et je vous défie de trouver autre chose à sacrifier que la propriété. Aussi n'y a-t-on pas manqué, et c'est là l'origine déplorable des controverses actuelles sur ce sujet » (1).

Depuis 1848, époque à laquelle M. Thiers écrivait cette page, le mal a grandi et les attaques contre la propriété sont devenues de plus en plus vives et menaçantes. On annonce l'avènement d'un quatrième État, (comme s'il pouvait y avoir un quatrième État dans un pays où il n'y a que des citoyens tous égaux devant la loi) et pour don de joyeux avènement on voudrait, dans un nouveau 4 août, immoler le droit de propriété.

Certes nous souhaitons plus que personne

(1) M. Thiers : *Du droit de propriété*, première partie, ch. I.

l'allègement du fardeau qui pèse sur les déshérités, nous applaudissons à tous les efforts qui seront tentés dans ce sens, mais, vouloir atteindre ce but en attaquant le principe même du droit de propriété, c'est se rendre coupable d'une injustice dont tous seraient également victimes, les propriétaires d'aujourd'hui aussi bien que ceux de demain. Les réformes ne seront vraiment utiles, sages et pratiques, que lorsque le droit de propriété aura été mis hors d'atteinte.

L'homme est, incontestablement, un être intelligent, et son intelligence lui appartient, elle est bien à lui, elle est sa propriété. Il peut la laisser inculte, croupir dans la plus profonde ignorance, ou bien la développer et acquérir les connaissances les plus variées : il prendra l'un ou l'autre parti, selon ses dispositions individuelles. S'il est possédé de l'amour du travail, et si la nature l'a gratifié d'une intelligence puissante, il deviendra un savant ; si au contraire son intelligence débile est dévorée par la lèpre de la paresse, il ne confiera aucun germe au champ immense du savoir humain. Dans le premier cas, l'acquisition de la science est-elle légitime et celui qui l'a conquise au prix de tant de labeurs a-t-il le droit de jouir en paix du fruit de ses travaux? Le paresseux qui ne prend jamais la peine d'ouvrir un livre peut-il reprocher au savant la propriété de sa science et la regarder comme une usurpation? Evidemment non. La thèse est absolument la même quand il s'agit de déterminer les droits d'une propriété autre que celle de la science, nous voulons parler de la propriété des choses nécessaires à la vie. On ne discute même pas celle-là, tandis qu'on attaque violemment celle-ci, parce que peu d'hommes sont tourmentés du besoin de savoir, tandis que tous veulent vivre et le plus agréablement possible; mais si l'on remonte à l'origine des deux propriétés, on trouve les mêmes causes : les facultés personnelles et le travail.

L'homme jeté sans défense sur une terre inhospitalière et maudite a reçu cependant deux choses à l'aide desquelles il pourra triompher de tous les obstacles : *Ratio et manus*, l'intelligence et le travail. Avec ces armes, il est sûr de sortir vainqueur de sa lutte pour l'existence : voyons-le à l'œuvre.

J'arrive dans une contrée inhabitée ; il faut que je vive ; je cueille donc des fruits sauvages et quelques maigres épis. Je me dis que peut-être en soignant ces arbres, et qu'en semant des grains dans une terre mieux préparée, j'obtiendrai des fruits plus savoureux et des épis plus chargés, je défriche un coin de terre, je le travaille avec soin et je lui confie la semence ; mais pour que les bêtes sauvages ne la dévorent pas, avant la moisson, j'entoure de palissades mon champ ensemencé. Tandis que la plante grandit, je construis une hutte pour me mettre à l'abri des intempéries.

Quand l'heure de la récolte est venue, à qui appartient le froment que j'ai converti en pain ? A moi, évidemment. Qu'un de mes semblables survienne et me demande un morceau de mon pain : je partagerai avec lui pour l'empêcher de mourir, mais je lui dirai : Faites ce que j'ai fait, et, l'année prochaine, vous aurez du pain comme moi. Au lieu de suivre mon conseil, il passe tout son temps à contempler le paysage, et quand la faim le presse, il vit comme il peut des fruits sauvages qu'il trouve. L'année suivante il vient réclamer sa part de mon pain, sous prétexte qu'il a droit de vivre. Sans doute, il a droit de vivre, mais en travaillant comme j'ai travaillé moi-même. Ce pain, fruit de mon labeur, est à moi et non à lui, et la terre que j'ai rendue féconde est à moi aussi bien que le pain qu'elle a produit. Si la terre n'est pas à moi, je ne la travaillerais certainement pas puisqu'un autre pourrait en revendiquer la possession au moment où j'en cueille les fruits. Il ne me reste donc d'autre ressource que de laisser la terre inculte et de faire aux autres ce qu'ils veulent me faire à moi-même: C'est-à-dire vivre de pillage et demeurer éternellement dans l'état de complète barbarie. La barbarie, voilà en effet l'avenir d'une société qui méconnait l'inviolabilité du droit de propriété.

Pendant les premières années de l'occupation, je n'ai cultivé que l'espace de terre nécessaire à ma subsistance, mais qui m'empêche d'en cultiver davantage? La contrée se peuple peu à peu de nouveaux venus;

bientôt le pays comptera autant de propriétaires que d'habitants, et il y aura nécessairement entr'eux des rapports, c'est-à-dire des échanges et du commerce. Quelques-uns s'adonneront à des industries dont les produits me seraient fort utiles, et que je ne puis pas me procurer par moi-même, je cultiverai donc plus de blé que je n'en ai besoin pour vivre et je l'échangerai contre des vêtements, des meubles, des ustensiles, etc. Pourra-t-on me reprocher la vie plus aisée que je me suis faite? Si mes greniers sont pleins, tandis que d'autres sont vides, si ma maison est plus confortable tandis que celle du voisin est délabrée, à qui la faute? Quelle injustice ai-je commise en travaillant plus et mieux que d'autres? Pourquoi me reprocherait-on d'avoir obéi à mon amour du travail et d'avoir donné un libre essor à mes facultés? A qui mon travail a-t-il nui? Ce n'est certainement pas à l'ouvrier qui m'a vendu ses meubles et qui, en échange, a reçu le pain qui le fait vivre. S'il n'avait pas mon pain il ne vivrait pas, de même que si je n'avais ses meubles, je serais fort mal installé chez moi.

On le voit, la richesse, loin d'être nuisible à l'intérêt général, est au contraire utile à tous, puisqu'elle donne à chacun, dans une certaine mesure, la possibilité d'une vie plus agréable et plus commode. Si chaque homme ne produisait que juste ce qu'il faut pour ne pas mourir de faim, l'abondance et les avantages qui en découlent ne seraient nulle part, nous serions tous condamnés à la portion très congrue. Les sources de la vie intellectuelle seraient taries, car, pour écrire des livres ou peindre des tableaux, il ne faut pas être talonné par le souci du pain quotidien.

Jusqu'à présent la thèse que nous soutenons ne souffre aucune sérieuse difficulté, car les adversaires les plus résolus de la propriété ne vont pas jusqu'à dire que l'homme n'a pas le droit de manger le blé qu'il a fait venir; mais on attaque le droit de transmission de la propriété.

Que l'homme jouisse en paix du fruit de son travail personnel, qu'il devienne même riche (1) soit ; mais est-il juste, qu'après lui, sa fortune passe à d'autres qui n'ont pas tra-

(1) Nous traiterons plus tard de l'usage de la

vaillé et qui, pour vivre dans l'opulence, n'auront eu que la peine de naître d'un père intelligent et laborieux? L'équité n'exige-t-elle pas qu'on laisse sans doute une part de l'héritage aux enfants et qu'on distribue le surplus à d'autres moins privilégiés?

Dans l'ouvrage déjà cité « *Du droit de propriété* », M. Thiers réfute cette objection avec tant de force et de clarté que nous croyons pouvoir nous contenter de résumer son argumentation.

Quant un homme a produit plus qu'il ne peut consommer, que doit-il faire du superflu? Il ne peut que le détruire ou le donner, car on ne l'obligera pas à manger plus qu'à sa faim et, d'autre part, on n'a pas le droit de limiter son travail et sa force de production. Il n'y a donc que deux manières de se débarrasser du superflu, le don ou la destruction. Si la part qui excède mes besoins m'appartient au même titre que celle dont je me nourris, je puis évidemment en disposer comme bon me semble; or, voici une excellente occasion qui se présente. Je rencontre

richesse; nous nous contentons, pour le moment, d'exposer la thèse du droit à la propriété.

un de mes semblables grelottant de froid, exténué de fatigue, de faim et de soif ; je lui donne un de mes nombreux vêtements, un morceau de ce pain dont j'ai trop, un peu de ce vin que je ne puis pas tout boire. Il revient à la vie, et l'expression de sa reconnaissance fait naître en moi une émotion si douce que je me félicite d'avoir produit plus que je ne puis consommer. Ai-je le droit de faire de mes biens un usage aussi noble et aussi généreux? Personne ne le contestera, et ce droit sera encore moins contestable, quand il s'agira, non plus d'un indifférent auquel j'ai fait don d'une partie de ma propriété, mais de cet être qui est un autre moi-même. *Filius enim naturaliter est aliquid patris* (1).

La faculté de transmettre la propriété est donc une conséquence logique et inévitable du droit de propriété ; et, parmi ceux auxquels l'homme peut donner ses biens, les enfants viennent évidemment en première ligne.

Si l'homme n'avait pas l'espérance de transmettre ses biens à ses enfants, il ne tra-

(1) Saint Thomas, 2ᵉ 2ᵉ q. x, article 12.

vaillerait qu'autant qu'il serait nécessaire pour son bien-être, et il s'arrêterait quand son avenir serait assuré, mais les enfants sont là et il veut leur préparer une vie plus douce ; son ardeur est stimulée. Le condamnerez-vous à l'oisiveté sous prétexte que ses enfants seront trop riches? « Dans votre société glacée toutes les ardeurs seraient éteintes, toutes les émulations bornées, vous n'auriez pas de ces ambitions qui s'embrasent du feu qui les entoure. L'homme n'ayant plus que lui-même pour but, s'arrêterait au milieu de sa carrière, dès qu'il aurait acquis le pain de sa vieillesse, et, de peur de produire l'oisiveté du fils, vous auriez commencé par ordonner l'oisiveté du père » (1).

Est-il prouvé d'ailleurs que l'hérédité assure l'oisiveté du fils? Sauf le cas de fortunes exceptionnelles, il n'arrive presque jamais que les biens laissés par le père permettent aux enfants de vivre sans travailler ; ils ne sont ordinairement pour le fils qu'un point de départ plus élevé pour entrer dans la vie. Le père était valet de ferme, le

(1) M. Thiers, ch. x.

fils sera fermier ; le père était ouvrier, le fils sera patron ; le père était maçon, le fils sera architecte. Voyez, dans un hôpital, un médecin célèbre au chevet d'un malade ; il va peut-être sauver la vie à une femme du peuple, mère d'une nombreuse famille : où a-t-il trouvé les loisirs nécessaires à l'acquisition de cette science qui lui permet d'arracher sa victime à la mort ? Grâce à l'héritage paternel, il a pu, pendant de longues années, suivre assidûment les cours d'une faculté ; grâce à l'argent amassé par son père il a pu devenir ce praticien consommé dont vous implorez les lumières et l'habileté. Il en est de même de toutes les professions libérales, qui toutes concourent au bien commun, et qui, généralement parlant, ne sont possibles que par le principe de l'hérédité, conséquence nécessaire du droit de propriété.

Dès les premières pages de sa magnifique Encyclique *Rerum novarum*, Léon XIII affirme que « la propriété privée et personnelle est pour l'homme de droit naturel » et il appuie son affirmation sur des preuves irréfragables.

« Ce qui excelle en nous, dit le pape, qui nous fait hommes et nous distingue essentiellement de la bête, c'est la raison ou l'intelligence, et en vertu de cette prérogative il faut reconnaître à l'homme non seulement la faculté générale d'user des choses extérieures, mais en plus le droit stable et perpétuel de les posséder, tant celles qui se consument par l'usage que celles qui demeurent après nous avoir servi ».

La bête ne fait qu'user des choses extérieures, mais l'homme, par cela seul qu'il est intelligent, a le droit de les posséder; l'homme est donc naturellement possesseur au même titre qu'il est naturellement intelligent. Le pape a bien soin de nous montrer le lien logique qui unit ces deux termes : « L'homme embrasse par son intelligence une infinité d'objets, et, aux choses présentes, il ajoute et rattache les choses futures; il est d'ailleurs le maître de ses actions; aussi, sous la direction de la loi éternelle et sous le gouvernement universel de la Providence divine, est-il en quelque sorte à lui-même sa loi et sa providence. C'est pourquoi il a le droit de choisir les choses qu'il estime les plus aptes non seulement à pourvoir au présent, mais encore au futur. D'où il suit qu'il doit avoir sous sa domination non seulement les produits de la terre, mais encore la terre elle-même qu'il voit appeler à être, par sa fécondité, sa pourvoyeuse pour l'avenir ».

Telle est en effet la source élevée et profonde du droit de propriété. L'homme ne *voit* pas seulement, il *prévoit* et il est, en quelque sorte, sa propre providence. Il prévoit que, dans le futur, la moisson lui sera aussi nécessaire que dans le présent ; il faut donc qu'il la prépare afin que, le moment venu, sa providence ne soit pas en défaut. Ici la thèse du Souverain Pontife est lumineuse, et le problème est éclairé jusque dans ses profondeurs : « La terre, sans doute, fournit à l'homme avec abondance les choses nécessaires à la conservation de sa vie et plus encore à son perfectionnement, mais elle ne le pourrait d'elle-même sans la culture et les soins de l'homme. Or, celui-ci, que fait-il en consumant les ressources de son esprit et les forces de son corps pour se procurer ces biens de la nature? *Il s'applique pour ainsi dire à lui-même la portion de la nature corporelle qu'il cultive, et y laisse comme une certaine empreinte de sa personne, au point qu'en toute justice ce bien sera possédé dorénavant comme sien et qu'il ne sera licite à personne de violer son droit en n'importe quelle manière* ». La portion de la terre cultivée est donc, en quelque sorte, comme une extension de la personnalité, et la propriété est inviolable à peu près autant que la personne. Nous disons « à peu près » parce que la propriété ne nous est pas aussi intime que la personne, et que celle-ci nous est plus chère que celle-là ; mais nous avons le droit de repousser toute attaque contre la propriété aussi bien que toute atteinte à la personnalité.

Le droit de propriété, si indiscutable quand on considère l'homme pris isolément, est plus rigoureux encore quand on l'envisage comme chef de cette société qui s'appelle la famille ; société antérieure à l'État, et qui par conséquent jouit de droits imprescriptibles et absolument indépendants. L'homme a le devoir de nourrir, d'élever ses enfants, et de pourvoir à leur avenir, or comment pourra-t-il accomplir ce devoir multiple et sacré, s'il n'a pas d'abord tout ce qui est nécessaire à leur entretien, et ensuite ce qu'il faut « pour les aider à se défendre, dans la périlleuse traversée de la vie, contre toutes les surprises de la mauvaise fortune » ? Il ne pourra évidemment remplir son devoir de chef de famille, qu'à la condition de créer un patrimoine dont il aura la libre disposition en faveur de ses enfants.

Léon XIII pose ensuite le principe qui règle les rapports entre la société domestique et la société civile : « La société domestique a sur la société civile une priorité réelle, auxquelles participent nécessairement des droits et des devoirs. Que si les individus, si les familles entrant dans la société y trouvaient au lieu d'un soutien un obstacle, au lieu d'une protection une diminution de leurs droits, la société civile serait bientôt plus à fuir qu'à rechercher ». Il n'est pas possible de revendiquer avec plus d'énergie les droits de l'individu et de la famille contre les empiètements de la société civile, c'est-à-dire de l'État. La principale ou plutôt la seule mission de l'État est de faire respecter les droits de l'individu et de la famille, et de les protéger contre quiconque serait tenté de les violer. Quand donc l'État, non content de ne pas défendre le droit, lui porte une atteinte grave, il n'a plus de raison d'être et la société civile est « plutôt à fuir qu'à rechercher ». Les États modernes sont terriblement exposés à oublier ces grands et tutélaires principes ; ils ont une tendance très prononcée à envahir un domaine dont ils ne devraient pas franchir les bornes, et à absorber, à leur profit, des droits antérieurs, indépendants, dont ils ont la garde mais qu'ils n'ont pas créés.

Cette doctrine sage, juste et absolument vraie, nous aidera à résoudre les problèmes que nous allons étudier dans les chapitres suivants.

CHAPITRE VII

LE SOCIALISME.

Considéré en lui-même, le socialisme est une injustice et la plus intolérable des tyrannies. — Théorie de la nationalisation du sol : elle fait revivre la corvée, la main-morte et les jurandes. — Condition misérable du travailleur si le socialisme était appliqué. — Ruine générale de l'État et des individus. — Le capital.

Les inégalités dont nous venons de parler sont inéluctables car elles sont la conséquence logique des inégalités individuelles, aussi elles ne disparaîtront jamais. Il y aura toujours des hommes plus intelligents, plus actifs, plus industrieux que d'autres, et ces différences se traduiront toujours, dans la réalité de la vie, par des inégalités sociales.

Est-ce une raison pour se croiser les bras, ne rien tenter en faveur des déshérités, et laisser peser sur leurs épaules tout le poids du fardeau, sous le prétexte que c'est là une nécessité contre laquelle on ne peut rien?

Ce sera l'honneur de notre temps d'avoir cherché sans relâche la solution de ce difficile problème : mais, s'il y a unité dans le but, quelle diversité dans les moyens ! « Les socialistes poussent à la haine jalouse des pauvres contre ceux qui possèdent, et prétendent que toute propriété de biens privés doit être supprimée, que les biens d'un chacun doivent être communs à tous, et que leur administration doit revenir aux municipalités ou à l'État. Moyennant cette translation des propriétés et cette égale répartition entre les citoyens des richesses et de leurs commodités, ils se flattent de porter un remède efficace aux maux présents » (1).

Léon XIII a esquissé, en deux mots, les traits si multiples et si variés du socialisme : exciter la haine du pauvre contre le riche, et rêver de fonder un nouvel ordre de choses sur les ruines de la propriété.

Socialisme est un terme vague, indéterminé et fort mal défini. Pour le bourgeois égoïste et repu, quiconque se préoccupe d'adoucir la condition de ceux qui souffrent, est socia-

(1) Encyclique RERUM NOVARUM.

liste. Assis tranquille au coin de son feu, dans une chambre bien close pendant que la bise souffle au dehors, il pense que tout est pour le mieux dans le meilleur des mondes; il est prodigieusement étonné que des hommes, heureux comme lui, ne se contentent pas de jouir paisiblement des dons de la fortune et consacrent tous leurs efforts à résoudre une question, qui, en définitive, ne les regarde pas Il dira d'un air pénétré : « Ces *socialistes* sont vraiment bien encombrants ».

Après les journées de juin, Proudhon, traduit en justice, dit au président qui l'interrogeait : « J'étais allé contempler les sublimes horreurs de la canonnade ». — Mais, reprit le président, n'êtes-vous donc pas socialiste? — Certainement, monsieur le président. — Mais alors, qu'est-ce donc que le socialisme? — C'est toute aspiration vers l'amélioration de la société. — Dans ce cas, répliqua le président, nous sommes tous socialistes. — C'est bien ce que je pense, répondit Proudhon (1).

(1) Voir E. de Laveleye : *Le socialisme contem-*

On comprend que cette définition ne signifie pas grand chose ou que du moins elle dénature étrangement l'idée que l'on se fait et que l'on doit se faire du socialisme. La définition de Léon XIII est infiniment plus précise et plus exacte : le socialisme consiste à exciter le pauvre contre le riche et à vouloir assouvir sa haine par la destruction de la propriété.

Il faut au pauvre une dose de résignation peu commune pour accepter sa misère en face du spectacle que lui offre l'opulence du riche. Pour le pauvre la richesse est comme le résumé de toutes les joies, de tous les bonheurs, de toutes les jouissances.

porain, introduction. Le socialisme consiste essentiellement dans la négation du droit de propriété privée. On n'est pas socialiste quand on soutient la légitimité de certaines propriétés appartenant à plusieurs et dont les bénéfices sont partagés entre les co-propriétaires : les biens communaux et beaucoup de grandes industries sont dans ce cas. Leurs propriétés sont des propriétés privées quoique appartenant à plusieurs, par conséquent cela ne ressemble en rien au socialisme proprement dit.

Il se trompe évidemment; il ignore les douleurs et les angoisses qui se cachent si souvent sous ces brillants dehors, et, s'il pénétrait dans ces somptueuses demeures, il verrait que la fortune a des revers terribles. Dans ses impénétrables secrets, la justice suprême garde des compensations dont elle seule mesure toute l'étendue, et, malgré les apparences, la grande loi de l'égalité rétablit l'équilibre. Les souffrances physiques et les tourments de l'âme s'abattent indistinctement sur tous, personne n'est à l'abri des douleurs dont la vie humaine est faite. A ce point de vue le riche et le pauvre sont égaux et parfois même, si le pauvre savait, il préfèrerait son sort à celui du riche. Mais il ne sait pas et, s'il n'y a pas quelque part un lieu où son espérance ira se réfugier, que de haines s'amasseront dans son cœur! Qu'il nous soit permis de rappeler ici ces beaux vers du poète :

Dans vos fêtes d'hiver, riches, heureux du monde,

Songez-vous qu'il est là sous le givre et la neige
Ce père sans travail que la famine assiège

Et qu'il se dit tout bas : « Pour un seul que de biens !
A son large festin que d'amis se récrient !
Ce riche est bien heureux, ses enfants lui sourient !
Rien que dans leurs jouets, que de pain pour les miens ».

Et puis à votre fête il compare, en son âme,
Son foyer où jamais ne rayonne une flamme,
Ses enfants affamés et leur mère en lambeau,
Et sur un peu de paille, étendue et muette
L'aïeule que l'hiver hélas ! a déjà faite
Assez froide pour le tombeau.

Car Dieu mit ces degrés aux fortunes humaines ;
Les uns vont tout courbés sous le fardeau des peines,
Au banquet du bonheur bien peu sont conviés ;
Tous n'y sont point assis également à l'aise.
Une loi qui *d'en bas* semble injuste et mauvaise
Dit aux uns : Jouissez ! aux autres : Enviez !
Cette pensée est sombre, amère, inexorable,
Et fermente en silence au cœur du misérable » (1).

Augmenter la douleur du pauvre en excitant en lui une haine à laquelle il n'est malheureusement que trop bien préparé, c'est donc faire œuvre criminelle, et c'est là, dit Léon XIII, le premier trait caractéristique du socialisme. Travaillez de toutes vos for-

(1) *Les feuilles d'automne*, XXXII.

ces à rendre plus douce la condition du pauvre, ne vous contentez pas surtout de belles paroles et de brillants systèmes, à la bonne heure! mais n'allumez pas en lui un feu dont les explosions pourraient tarir les sources de la pitié et dont il sera la première et la plus lamentable victime.

Le second caractère du socialisme est de tenter, en faveur des prolétaires, une reconstitution sociale dont la propriété ferait tous les frais.

Nous avons établi, dans le chapitre précédent, la thèse du droit de propriété : qu'il s'agisse de la possession d'un jardin grand comme ma chambre ou d'un domaine de cent hectares, d'un capital qui donne 100 francs de rentes ou 100.000, le droit est le même. Sans doute le propriétaire de cent hectares, ou de cent mille livres de rentes aura des devoirs qui n'incombent pas à un homme dont les ressources suffisent à peine à son entretien ; c'est une question indépendante que nous traiterons plus tard : pour le moment, nous allons discuter les arguments que le socialisme dirige contre le droit de propriété.

Il comprend très bien que, s'il parvient à ébranler le principe de la propriété foncière individuelle, les autres, qui en sont comme une extension, s'écrouleront d'elles-mêmes; c'est donc à la propriété foncière qu'il livre ses plus rudes assauts.

D'après les doctrines socialistes, l'origine de la propriété est l'usurpation ; les propriétaires actuels sont les successeurs d'injustes spoliateurs, il faut donc la reconstituer sur le plan primitif et seul légitime, la communauté. Un individu isolé ne peut pas opérer cette renovation sociale, ce devoir regarde l'État qui, dans l'intérêt général, supprimera les propriétés particulières et les administrera au nom de tous. Telle est, en négligeant les nuances, le fond même du socialisme.

La doctrine n'est pas nouvelle. Déjà au XIIIe siècle, saint Thomas d'Aquin disait: *In longitudine præcedentium temporum fere omnia inventa sunt circa conversationem humanam quo excogitari possunt;* et il fait cette remarque dans l'ouvrage où il entreprend une réputation détaillée du socialisme (1).

(1) *Politicorum*, livre II, ch. v.

La propriété privée est une usurpation ou, en d'autres termes, un vol ; c'est ce qu'il faudrait démontrer. Nous avons prouvé qu'elle a pour origine l'intelligence et le travail.

Le socialisme insiste : rien ne peut anéantir les prescriptions du droit naturel ; or vivre est, pour l'homme, de droit naturel et il ne peut vivre que par la possession de la terre qui lui donne les fruits sans lesquels il est fatalement condamné à mourir : tout homme a donc droit à la possession de la terre comme il a droit à la vie. Vivre est de droit naturel, fort bien ; mais pour vivre, les fruits de la terre suffisent, et la propriété n'est pas nécessaire. Si la propriété était indispensable à la vie, le propriétaire y aurait au moins autant de droit que le prolétaire, car, autant que celui-ci, il a droit à la vie. Si la proposition socialiste est vraie, elle conclut aussi bien en faveur du propriétaire, et je ne vois pas pourquoi on lui contesterait un droit qu'on revendique pour d'autres.

« Qu'on n'oppose pas, dit Léon XIII, à la légitimité de la propriété privée le fait que

Dieu a donné la terre en jouissance au genre humain tout entier, car Dieu ne l'a pas livrée aux hommes pour qu'ils la dominassent confusément tous ensemble. Tel n'est pas le sens de cette vérité. Elle signifie uniquement que Dieu n'a assigné de part à aucun homme en particulier, mais a voulu abandonner la délimitation des propriétés à l'industrie humaine et aux institutions des peuples » (1).

Qu'on nous permette un exemple. La société est de droit naturel et elle ne peut exister sans un pouvoir constitué, mais tel pouvoir en particulier est-il de droit naturel au point qu'une forme différente sera contraire à ce même droit ? Non, évidemment ; Dieu a laissé à l'industrie humaine et aux institutions des peuples le soin de déterminer la forme particulière d'après laquelle ils veulent être gouvernés. Il en est absolument de même dans la question de la propriété. Dieu, c'est-à-dire le droit naturel, a fait l'homme propriétaire, mais il a laissé à l'industrie humaine le soin de déterminer

(1) Rerum novarum.

que telle portion de terre appartiendrait à tel homme. Cette délimitation de la propriété est-elle contraire au droit naturel qui veut que l'homme, considéré d'une manière générale, soit propriétaire? C'est dire qu'une forme politique *particulière* est en opposition avec le principe général : L'homme est un être sociable et par conséquent, gouverné.

Saint Thomas a formulé avec sa précision ordinaire l'idée fondamentale du socialisme.

Ce qui se fait contre le droit naturel est illicite, dit-il, or, d'après ce droit, tout doit être en commun parmi les hommes, par conséquent il est illicite de s'attribuer en propre un lambeau de ce qui appartient à tous (1).

Il répond que le droit naturel ne détermine pas, il est vrai, la possession particulière de telle propriété, mais que l'indétermination, dans laquelle le droit naturel laisse la question de la propriété, n'exclut nullement le principe de la propriété privée sanctionné par le droit positif. Celle-ci est une application légitime, à un cas particulier, d'un principe général de droit naturel et par consé-

(1) 2ª 2. q. LXVI, art. 2.

quent, loin de lui être contraire, elle puise, au contraire, en lui sa force et sa légitimité.

Mais sortons de ces questions métaphysiques, et étudions le problème à un point de vue plus pratique.

Pour réparer la prétendue injustice commise par la propriété privée, le socialisme en propose la confiscation et l'administration par l'État. Examinons le système en lui-même et dans son application.

En lui-même : le système est tout simplement monstrueux. Outre la colossale injustice accomplie au nom de l'État, car nous persistons à soutenir la légitimité de la propriété privée, il ferait de l'État une machine formidable sous les roues de laquelle seraient broyées sans pitié toutes les énergies, toutes les initiatives, toutes les personnalités. Ce serait une gigantesque confiscation de tous les droits, au profit d'une puissance anonyme et aveugle devant laquelle les individualités disparaîtraient comme la poussière dans la tempête. Qu'est-ce donc que l'État pour qu'on lui immole ainsi des millions de victimes ? Est-il une de ces divinités qui dévorent leurs adorateurs et qui trônent impassibles dans des temples dont on fuit l'approche avec terreur ? Ce serait le cas de répéter plus que jamais avec Léon XIII « la société serait bientôt plus à fuir qu'à rechercher ».

C'est du reste méconnaître d'une façon déplorable le rôle vrai de l'État ; c'est « dénaturer ses fonctions » dit encore le pape. La fonction de l'État est de protéger le droit et non de l'anéantir, de favoriser le développement de la personnalité et non de l'absorber, de laisser à chacun son activité et non de devenir le moteur unique et suprême. Il est étrange que dans un temps où les peuples ont tant fait pour conquérir leur indépendance, on vienne leur proposer une solution qui les mettrait sous le joug d'un despotisme intolérable.

Pour réaliser leur utopie, les socialistes, ne tenant aucun compte de la loi si sage de la prescription, soutiennent, qu'à l'origine, toute propriété privée est le fruit d'une usurpation, que par conséquent l'État fait acte de justice en la confisquant pour l'administrer au plus grand profit de tous : c'est ce qu'ils appellent, *la nationalisation du sol*. Le sol appartiendra à l'État qui seul en sera le légitime propriétaire.

On les arrête dès le premier pas, en leur faisant fort justement remarquer que tous les arguments allégués contre la propriété privée peuvent être rétorqués contre leur principe de la nationalisation du sol (1).

La Gaule était, en grande partie, couverte de forêts, mais il y avait aussi des champs cultivés; les Romains s'en emparent, puis les Barbares. Les Gallo-Romains se fusionnent avec les Barbares; ils deviennent la nation Française et ils défrichent ce sol qui est aujourd'hui la France. A qui appartient-il? Quel en est le légitime propriétaire? C'est l'État, répondent les socialistes, car ce sol a été volé par les Barbares aux Romains et par les Romains aux Gaulois qui eux-mêmes étaient des propriétaires fort suspects. Hé bien! non, le sol n'appartient pas à l'État. Si, en effet, les propriétés privées sont des usurpations partielles, l'État propriétaire se rendra coupable d'une usurpation sur

(1) Voir M. Paul Leroy-Beaulieu : *Le collectivisme*, ch. x.

une plus grande échelle, mais, dans les deux cas, il y aura vol, et il faudra rechercher d'autres titres de propriété. D'ailleurs de quel droit l'État jouirait-il en paix de ce sol privilégié entre tous qui s'appelle la France? Le climat est doux, les vins excellents, la terre féconde, les Français sont des privilégiés et le principe de l'égalité exige la suppression des privilèges. Quel titre de propriété légitime pourrait présenter l'État Français, si un peuple voisin venait lui dire : « Voilà longtemps que vous jouissez d'un sol exceptionnel, que d'ailleurs vous avez volé, cédez-moi la place, car il est temps qu'à mon tour je boive vos vins et que je jouisse de votre beau climat ». Évidemment les Français n'auraient qu'à s'en aller, car dans le système socialiste l'argument est sans réplique.

On le voit, si les raisons contre la propriété privée sont concluantes, elles le sont aussi contre la propriété collective, c'est-à-dire contre le principe de la nationalisation du sol : « Si le droit de propriété privée n'existe pas, la nation commet, tout aussi bien que l'individu, un vol manifeste en prétendant détenir pour elle seule un territoire qu'elle possède héréditairement » (1).

Examinons maintenant les conséquences pratiques qui découlent du principe socialiste.

L'État est donc seul propriétaire, c'est entendu. Il faut que le sol nationalisé soit exploité et administré ; il n'y a que deux moyens possibles, l'intermédiaire des communes, ou l'administration directe de l'État.

Le système de l'administration par les communes n'est acceptable à aucun point de vue. D'abord il ne réalise pas cette égalité si chère aux socialistes, car l'inégalité existera entre les communes, comme elle existe maintenant entre les individus. Telle commune des Landes, par exemple, sera moins bien partagée qu'une commune de la Beauce ou de la Côte-d'Or, et les Landais auront le droit de crier au privilège. Il faudra en outre que les maires et les conseillers municipaux soient versés dans la science de l'agriculture, sans cela le sol risquera d'être fort maltraité. Il se peut que les conseils

(1) M. Paul Leroy-Beaulieu, *loc. cit.*

municipaux des communes rurales soient à la hauteur de leur tâche; mais ceux des villes? Il faudra faire entrer dans les conseils municipaux des villes, des ruraux qui devront souvent abandonner la culture pour venir à des séances fréquentes et fort chargées car, aux affaires ordinaires, viendront s'ajouter les nombreux soucis de l'administration rurale.

Il est facile de signaler d'autres inconvénients non moins graves qui mettent le sort des administrés à la merci des administrateurs, et font revivre, sous une autre forme, la taille et la corvée.

Nous voulons bien supposer que les maires et les conseillers municipaux seront souvent des hommes capables, consciencieux et justes; mais il n'est pas impossible qu'il en soit autrement, et que tout le territoire d'une commune soit entre les mains de gens ineptes, cupides et vindicatifs. Voit-on quel sera le sort des habitants livrés pieds et poings liés, et obligés de subir des vexations de tout genre? Autant valaient la taille et la corvée. Si le socialisme veut nous amener là, il est singulièrement réactionnaire.

Ce système n'est guère en honneur, même parmi les socialistes, aussi on a imaginé une autre solution.

Le sol sera loué, par l'État, soit à des associations, soit à des fermiers.

Les membres des sociétés coopératives pour l'exploitation du sol (1) seraient des privilégiés aux regards des travailleurs, car ceux-là seuls pourraient en faire partie, qui possèderaient un capital autorisant la confiance de l'État; mais, ce qui est infiniment plus grave, c'est que ces sociétés ouvriraient la porte à des abus autrement dommageables pour les prolétaires que ceux des anciennes jurandes. Ces sociétés, en effet, se concentreraient peu à peu et formeraient une caste absolument fermée. Avec le système

(1) M. Paul Leroy-Beaulieu discute les expériences faites en Angleterre et en Allemagne, et il prouve que, eussent-elles réussi, on ne pourrait pas en conclure en faveur de la thèse collectiviste, car elles ont été *des expériences de laboratoire* faites dans des conditions exceptionnelles, tandis qu'il faudrait *des expériences à l'air libre* et dans des conditions ordinaires.

actuel de la propriété privée, quiconque est laborieux et économe peut devenir propriétaire; avec le système des corporations, c'est la reconstitution de la jurande et de la mainmorte; aussi presque tous les socialistes lui préfèrent le système du fermage car, jusqu'à présent, nul n'a osé proposer l'exploitation directe par l'État.

On créerait le nombre de fermes nécessaires pour envelopper le sol tout entier et elles seraient allouées à des fermiers qui les détiendraient pendant 10, 15 ou 20 ans : le propriétaire actuel serait remplacé par l'État. Il n'y aurait presque rien de changé dans l'organisation sociale, car au lieu de payer le terme au propriétaire, le fermier le payerait à l'État, et c'est tout. Il n'y a donc pas à s'effrayer, ni à redouter un bouleversement complet, et ce système présente de si grands avantages qu'il n'y a pas à hésiter dans son application.

« S'il opère dans l'organisation sociale une modification si insensible, répond M. Paul Leroy-Beaulieu, comment saurait-il avoir, pour la satisfaction des besoins moraux et matériels de l'humanité, les grands résultats qu'on mettait en avant » ? De deux choses l'une, en effet : ou bien la solution proposée va transformer radicalement, en l'améliorant, l'état de choses actuel, ou bien la situation sera la même qu'aujourd'hui. Dans cette dernière hypothèse (et c'est celle des socialistes qui, pour ne pas effrayer, disent que rien ne sera changé sauf le nom du propriétaire qui s'appellera l'État au lieu de s'appeler M. X....), dans cette dernière hypothèse, à quoi bon apporter une modification radicale dans l'organisation de la propriété puisque les choses seront, demain, ce qu'elles sont aujourd'hui ? Vous ne pouvez prôner votre système qu'à la condition d'introduire, dans le sort du plus grand nombre, des améliorations telles, qu'on s'expliquera alors votre désir de constituer la propriété sur une base nouvelle ; mais si c'est seulement pour changer le nom du propriétaire, ce n'est vraiment pas la peine d'agiter le monde pour si peu. Vous devez donc, sous peine d'être éconduits sans même être discutés, soutenir qu'au contraire tout sera changé et que le sort des travailleurs sera totalement transformé.

Vous êtes parti de ce principe : tout homme a droit à un lambeau de terre sans lequel il ne peut pas vivre, et vous arrivez à cette conséquence : puisque tout le monde ne peut pas être propriétaire, que personne ne le soit. La population se compose de deux classes de citoyens : ceux qui sont propriétaires et ceux qui ne le sont pas. Vous commencez par dépouiller les propriétaires et que donnez-vous à ceux qui ne le sont pas? Absolument rien. Je me trompe, vous leur donnez la satisfaction intense de pouvoir se dire : « Mon voisin avait un champ, maintenant il ne l'a plus ». C'est, en effet, pour le prolétaire, le bénéfice le plus clair de votre système. Car enfin tout le monde ne pourrait pas être fermier de l'État, les fermiers seraient l'exception, la très petite exception ; et les autres, c'est-à-dire au moins plus de la moitié de la population, qu'en faites-vous? Des salariés qui n'auront jamais l'espoir de posséder quelque chose *à eux*.

Quand il n'y aurait, dans le système socialiste, que cette conséquence, et il y en a bien d'autres, il est facile de voir à quelle condition misérable il réduirait l'immense majorité de la population. On ne parviendra jamais à détruire les sentiments indestructibles de la nature qui donnent à l'homme la force d'accomplir la loi du travail à laquelle, bon gré mal gré, nous sommes tous soumis ; or, ce qui soutient le travailleur, c'est la douce espérance d'avoir un jour une maison et un champ *à lui.* Ceux qui ont étudié le cœur humain y ont vu le désir de la propriété écrit en traits indélébiles : « Il est difficile d'exprimer, enseigne saint Thomas, combien il est doux à l'homme de pouvoir se dire « ceci m'appartient ». Ce sentiment qui prend sa source dans l'amour que l'homme ressent naturellement pour lui-même est violemment froissé par ceux qui nient la propriété » (1). Si jamais les utopies socialistes étaient appliquées, une immense clameur s'élèverait aussitôt, non seulement dans les rangs des propriétaires, injustement dépossédés, mais aussi du côté des prolétaires, dont on aurait violé le droit, en leur refusant l'espérance de devenir propriétaires.

Le salaire octroyé par les fermiers de

(1) In II *Politicorum*, ch. IV.

l'État sera, ou strictement nécessaire pour subvenir aux nécessités urgentes du travailleur, ou bien il lui permettra de faire des épargnes. Les socialistes doivent évidemment repousser la première hypothèse, puisqu'ils ont précisément pour but de rendre plus supportable le sort du prolétaire ; nous supposons donc que le salaire mettra le travailleur à même d'en réserver une part. Quel sera l'emploi de cette épargne si péniblement amassée ? Il ne pourra pas la consacrer à l'achat d'une maison ; car si la propriété privée est illicite quand il s'agit d'un champ, elle ne peut pas être légitime s'il s'agit d'une maison. Les raisons qui militent contre le champ sont tout aussi bonnes contre la propriété de la maison, et même contre le mobilier. Le travailleur se verra donc dans l'impossibilité d'avoir une maison *à lui* et de s'y installer avec un confortable relatif. Dès lors l'emploi de l'épargne est tout trouvé ; il ira la dépenser au cabaret ; de sorte, qu'après en avoir fait un salarié sans espoir, vous en faites un alcoolique ; et c'est là ce que vous appelez : améliorer la condition du travailleur !

Avec votre système, la fertilité du sol, source première de la richesse nationale, ne tardera pas à être singulièrement compromise.

Il n'est pas nécessaire d'être bien habile pour savoir que l'homme entoure de soins minutieux et empressés une chose qui lui appartient, et qu'il s'intéresse peu à la conservation d'un objet dont un autre est le possesseur. Tous ceux qui s'occupent d'agriculture vous diront, sans hésiter, que les terres les mieux cultivées et les plus fécondes sont les terres travaillées par le propriétaire lui-même. Avec quelle ardeur il laboure son champ et cherche les moyens de le rendre meilleur ; ce sera sa préoccupation constante, et il fera rendre à sa terre tout ce qu'elle peut donner. Mettez un salarié à la place du propriétaire et dites-lui : « Cultivez ce champ, vous aurez tant par an ». Le salarié se croisera les bras ou vous devrez le surveiller, un fouet à la main, comme autrefois les nègres sur les plantations. Si, pour exciter son ardeur au travail, vous l'admettez à une certaine participation des bénéfices, cette combinaison produira d'excellents résultats dans le système de la propriété privée; elle sera impuissante, dans l'hypothèse socialiste, car comme nous le disions plus haut, le travailleur s'inquiètera peu d'entasser un argent dont il ne saura que faire puisqu'il lui est interdit de posséder quoi que ce soit.

Les conséquences des doctrines socialistes sont si accablantes pour le travailleur et elles le font descendre si bas, qu'il est permis de les reléguer au nombre des utopies éminemment anti-sociales. Cependant elles doivent avoir quelques avantages, sans cela on se demanderait comment elles peuvent être soutenues par des hommes qui, après tout, ne sont pas des malfaiteurs avérés. Les avantages? Ils sont très clairs. Sauf l'impôt payé par les fermiers de l'État, tous les autres seraient supprimés du coup.

Dégagé de tous les dehors qui lui donnent un faux air d'économie politique, l'avantage signalé par le socialisme se réduit à cette proposition fort simple.

Les impôts absorbent aujourd'hui un quart par exemple de la propriété ; je vais la dégrever de ce quart en prenant tout : quand vous n'aurez plus rien, vous n'aurez rien à payer.

— Grand merci, répondra le contribuable, j'aime encore bien mieux payer l'impôt comme je l'ai fait jusqu'à présent, plutôt que de n'en plus payer avec le nouveau système.

— « Vous ne m'avez pas compris, réplique le socialiste : L'État vous remboursera, il vous donnera une indemnité (1) dont vous n'aurez pas à vous plaindre ».

— Mais je n'en veux pas de votre indemnité, gardez-la comme je garde ma propriété.

— La question n'est pas là : l'indemnité est à prendre ou à laisser. Moi, État, je suis

(1) Aucun écrivain socialiste n'admet la spoliation pure et simple : tous reconnaissent la justice d'une compensation. Ils avouent, par conséquent, la fausseté de leur principe fondamendal : « La propriété est une usurpation » car, lorsqu'on force un voleur à restituer ce qu'il a pris, on ne lui offre pas une indemnité.

le plus fort et je me montre bon prince en vous offrant une compensation.

— Soit, je m'incline devant la force : qui règlera l'indemnité ?

Si elle représente l'équivalent des terres, c'est la ruine irrémédiable de l'État, car, dans aucun pays, il n'y a la somme de capitaux disponibles pour le rachat de tout le territoire, et l'État sera obligé de s'endetter effroyablement : si elle lui est inférieure, c'est la ruine des administrés, puisqu'on leur prend leurs terres sans les payer à leur valeur.

Ruines sur ruines voilà, en effet, le dernier mot du socialisme. Cette prétendue suppression des impôts conduirait au contraire infailliblement à une énorme augmentation, car les annuités, seules payables par l'État aux propriétaires dépossédés, absorberaient pour la France par exemple 4 milliards de francs (1). L'État devrait donc, outre ces

(1) Ce sont les chiffres de M. Paul Leroy-Beaulieu.— L'éminent professeur discute pied à pied le système socialiste; nous ne pouvons pas le suivre dans les détails de sa puissante argumentation,

4 milliards, trouver encore de nouvelles ressources budgétaires, car le revenu des terres ne suffirait pas à payer l'intérêt de l'emprunt négocié pour indemniser les propriétaires.

Je possède une terre qui rapporte, soit 20.000 fr. par an. Au lieu de dépenser la totalité du revenu, je mets de côté 5000 fr. tous les ans ; cette épargne accumulée année par année sera mon capital.

Je suis ouvrier et je gagne 8 fr. par jour ; je me prive de certaines *douceurs* que ne se refusent pas les camarades, et je ne dépense que 5 fr. Au bout d'un certain temps, mes épargnes m'auront mis à la tête d'un petit capital. Ce capital est-il à moi ? je ne vois pas pourquoi il appartiendrait à celui qui, régulièrement, a mangé tout ce qu'il gagnait.

car n'écrivant pas un livre d'économie politique, nous avons dû nous tenir dans la région des principes généraux.

Le travail, l'épargne, l'intelligence, voilà donc les sources premières du capital. Le développement de l'industrie, les grandes entreprises répondant à des besoins nouveaux (les chemins de fer par exemple) ont amené la concentration de vastes capitaux, et c'est le spectacle de cette concentration qui a décidé le socialisme à déclarer la guerre au capital, aussi bien qu'à la propriété foncière.

Il oublie que ces grandes entreprises, irréalisables sans capitaux, profitent à tous. Grâce aux chemins de fer, l'ouvrier ne voyage-t-il pas plus confortablement, plus vite et à meilleur marché? Si, à l'époque de leur création, on n'eût pas trouvé des capitalistes assez forts pour risquer une partie de leur épargne, cette industrie qui a fait vivre et qui nourrit encore tant de prolétaires, n'eût jamais été tentée, et la société entière eût été privée des avantages qu'elle en retire. Il en est de même de toutes les industries ; elles concourent au bien commun en mettant à la disposition du plus grand nombre des objets qui, autrefois fort rares, sont aujourd'hui à la portée de tous.

Au XVIIe siècle un président au parlement de Paris stipulait, dans le bail de son fermier, le nombre de bottes de paille que madame la Présidente mettait dans sa voiture pendant l'hiver. En déclarant la guerre au capital, le socialisme tarit donc une source de bien-être qui rend la condition du prolétaire plus facile et plus douce. Il va plus loin; il le met dans l'impossibilité de gagner sa vie.

D'un seul mot, Léon XIII a signalé l'harmonie nécessaire du travail et du capital : « Il ne peut y avoir de capital sans travail, dit-il, ni de travail sans capital » (1). Qui donc, si ce n'est le capital, fournit du travail à l'ouvrier, dans les mines, à l'atelier, à la campagne, partout? Ruinez, par la suppression du capital, ces innombrables industries qui occupent tant d'ouvriers, empêchez-les de se former ou arrêtez-les dans leur cours, que deviendront les travailleurs? Imaginez une réunion d'hommes voulant, sans capitaux, créer une ligne de chemin de fer, exploiter une mine ou fonder une maison de commerce. Le capital n'est-il pas la

(1) Rerum novarum.

condition première, indispensable, *sine qua non*, d'une industrie quelle qu'elle soit? Que le capital vous appartienne ou que vous soyez obligé de l'emprunter, peu importe, toujours est-il que, sans lui, vous ne pouvez rien, sans lui par conséquent vous réduisez à la misère des milliers d'ouvriers qui ne vivent que par lui.

Pour rendre le capital haïssable, le socialisme lui attribue une origine qui le rendrait en effet profondément odieux, si la thèse était vraie.

Karl Marx, Lassalle, et en général tous les socialistes, disent : « Le capital est le fruit de l'exploitation de l'ouvrier par le patron ; le salaire de l'ouvrier ne représente jamais l'équivalent de son travail, il y a donc toujours une somme de travail non payée et c'est là précisément l'origine du capital ».

Nous ferons remarquer d'abord que ce principe s'appliquerait, tout au plus, au capital placé dans une industrie qui emploie des travailleurs à gage ; il serait absurde, appliqué au travail personnel du capitaliste. Un écrivain fait des livres qui lui rapportent 100.000 francs ; il les place, voilà un capital qui n'est pas le résultat de l'exploitation du travailleur : beaucoup d'autres capitaux sont dans le même cas.

Le principe socialiste, considéré d'une manière générale et absolue, est donc parfaitement faux; suivons-le maintenant sur son propre terrain.

D'après Karl Marx et ses disciples, le capitaliste extorque à l'ouvrier une somme de travail non payée ; en France, par exemple, le travail non payé représente la moitié de la journée, et c'est de là que naît le capital. Sur une journée de 12 heures, l'ouvrier reçoit, en salaire, la valeur de 6 heures, le reste est un travail gratuit, tout au profit du capitaliste. L'exploitation est donc évidente ; vous exigez de l'ouvrier 12 heures de travail et vous ne lui en payez que 6. Les proportions varient d'après les industries, mais quelles qu'elles soient, toujours est-il que le capitaliste exige de l'ouvrier plus de travail qu'il ne lui en paye.

Si les statistiques et les calculs socialistes sont exacts, le capital a une origine souillée, il est le fruit de l'exploitation de l'homme par l'homme, il est le fardeau que les forts font peser sur les faibles, et il mérite toute la haine que les socialistes lui ont vouée.

Heureusement, ces calculs et cette statistique sont fantaisistes ; nous allons le démontrer d'une manière évidente en discutant les chiffres.

La production manufacturière monte actuellement en France à 7 milliards 130 millions ; les matières premières entrent pour 4 milliards 941 millions et le combustible pour 191 millions ; la plus value due au travail est de 1,994 millions dont 980 millions de salaires et 1 milliard 14 millions de dividendes; or, défalcation faite des matières premières et du combustible, il résulte que les salaires étant de 980 millions et les profits, de 1 milliard 14 millions, on peut conclure que les profits représentent une journée de 12 heures de travail et les salaires une journée de 6 heures. Pendant 6 heures par jour l'ouvrier donne donc au capital un travail qui ne lui est pas payé ; au bout de l'année cela fait une somme d'environ 691 francs que le capitaliste vole à l'ouvrier.

Tels sont les calculs et la conclusion du socialisme.

Nous empruntons la réponse au remarquable ouvrage de M. Paul Leroy-Beaulieu qui nous sert de guide dans ces questions délicates et compliquées (1). Remarquons d'abord que les évaluations de ce genre sont difficilement exactes, surtout quand elles sont faites avec esprit de parti et dans l'intention bien arrêtée de trouver le capital en flagrant délit de vol. Acceptons cependant les chiffres que l'on nous donne.

On ne déduit que les matières premières et le combustible et, pour grossir les dividendes, on ne tient aucun compte d'autres frais qui pèsent sur le capital et qui diminuent d'autant les profits réels. On néglige les frais généraux d'installation, de commission, de courtage, d'assurances, de voyages, de correspondance, d'entretien, de renouvellement de matériel, les déchets, les non valeurs, etc., etc., en un mot, on fait passer comme profits des dépenses nécessaires et inévitables. Or, ces dépenses réduisent les profits de moitié, peut-être même des trois quarts.

(1) Voir Le *collectivisme,* livre IIe, ch. III.

En outre : si l'ouvrier donne au patron un travail non payé et que le produit de ce travail entre dans la poche du patron, tous les patrons, à quelque industrie qu'ils appartiennent, s'enrichiraient infailliblement puisque l'ouvrier produit 10 et qu'on ne lui donne que 5. Toutes les industries devraient réussir ; or, pour une qui prospère, il y en a quatre qui échouent. Ces faits, d'expérience quotidienne, sont inexplicables dans l'hypothèse socialiste. Ils ne sont pas les seuls. Un ouvrier qui travaille isolément et pour son propre compte, horloger, cordonnier, menuisier, n'a rien à donner à un patron puisqu'il n'en a pas; tout son travail lui est payé, il devrait donc, dans le système socialiste, arriver vite à la fortune ou du moins à la grande aisance ; or, on ne voit pas, qu'au point de vue du gain, il soit dans une situation meilleure que les ouvriers salariés.

Quand on regarde de près les chiffres exacts et officiels du rendement de l'industrie on est obligé de réduire singulièrement les 691 francs volés à l'ouvrier par le capitaliste : « J'ai eu occasion autrefois de constater, dit M. Pernolet dans l'*Économiste français*, que, même pour le département du Nord, qu'en considérant les résultats des exploitations houillières pour une longue suite d'années — qui toutes n'ont pas été prospères — les dividendes touchés par les actionnaires (c'est-à-dire la part des capitaux engagés dans ces entreprises) ne représentaient guère que la valeur d'un bock de bière par journée d'ouvrier. Voilà à quoi se réduit la part du sacrifice fait par l'ouvrier travaillant aux mines du Nord, pour créer et entretenir ces exploitations qui assurent l'existence paisible de sa famille ».

Il est cependant des industries prospères qui font fructifier le capital, mieux que celles dont on vient de parler. Il le faut bien ! Sans cela qui donc risquerait son argent dans une entreprise? On l'entasserait dans un coffre-fort, on le dépenserait sottement, mais on ne contribuerait pas à la création de ces industries dont vivent des milliers d'ouvriers. Le travail et le capital sont donc deux termes corrélatifs; si le travail fait prospérer le capital, le capital à son tour fait vivre le travailleur et c'est du concours de l'un et de l'autre que naissent la richesse et la prospérité d'un pays : « De même, dit Léon XIII, que dans le corps humain, les membres malgré leur diversité s'adaptent merveilleusement l'un à l'autre, de façon à former un tout exactement proportionné qu'on pourrait appeler symétrique, ainsi, dans la société, les deux classes sont destinées par la nature à s'unir harmonieusement, et à se tenir mutuellement dans un parfait équilibre. Elles ont un impérieux besoin l'une de l'autre : il ne peut y avoir de capital sans travail, ni de travail sans capital ».

Nous avons exposé, dans toute sa force, la thèse du droit de propriété afin qu'on ne nous accuse pas de socialisme, maintenant, qu'après avoir défendu le droit des riches, nous allons leur rappeler leurs devoirs : car, nous l'avons dit plus haut, aux yeux de certaines gens, quiconque élève la voix en faveur des malheureux est fortement suspect de socialisme.

CHAPITRE VIII

L'ÉGLISE.

La question sociale est un problème d'ordre moral, autant et plus qu'une question économique. — L'Église peut, seule, la résoudre en réalisant la fraternité. — Le précepte de l'aumône et le superflu. — Il est faux de dire que quiconque veut travailler trouve du travail pour vivre. — Effet social des croyances religieuses.

Il y aura toujours des riches et des pauvres, comme il y aura toujours des hommes intelligents et d'autres qui ne le sont pas. L'erreur fondamentale du socialisme est de vouloir supprimer, par l'injustice et la violence, un fait inévitable et nécessaire.

Mais si le fait est nécessaire, ne faut-il rien tenter pour l'atténuer et pour rétablir une *certaine* égalité entre les pauvres et les riches? Ceux-ci, s'appuyant sur la loi inexorable de l'inégalité des conditions, peuvent-ils dire : « A nous l'opulence, les plaisirs, les joies, et malheur aux vaincus dans les batailles de la vie »? Ceux-ci à leur tour sont-ils condamnés à succomber sous le faix, sans que jamais aucune main ne vienne les aider à le porter? Le monde est-il divisé en deux classes : les repus d'une part, de l'autre les affamés ; sont-ils séparés par un abîme que rien ne pourra jamais combler ?

C'est l'éternel honneur de l'Église d'avoir, dans tous les siècles, non seulement rappelé aux riches leurs devoirs, mais encore d'avoir pris en main la cause des pauvres, et de l'avoir plaidée avec une force, une émotion, une éloquence qui trahissent des entrailles maternelles. La démocratie moderne nourrit bien des préjugés contre l'Église ; si elle connaissait mieux son histoire et ses bienfaits, les préjugés se changeraient en admiration, l'indifférence et les préventions deviendraient la reconnaissance et l'amour. Plus que personne, l'Église a donc le droit d'élever la voix en faveur des pauvres, non seulement parce qu'elle n'a pas cessé d'être le refuge des malheureux, mais aussi parce que, seule, elle a trouvé la solution du redoutable problème qui se pose, et qu'on ne résoudra pas sans elle. Le pape a donc pu dire avec une hardiesse bien justifiée: « C'est avec assurance que Nous abordons ce sujet, et dans toute la plénitude de Notre droit; car la question qui s'agite est d'une nature telle, qu'à moins de faire appel à la religion et à l'Église, il est impossible de lui trouver une solution efficace. Assurément, une cause de cette gravité demande encore, à d'autres agents, leur part d'activité et d'efforts, nous voulons parler des gouvernants, des maîtres et des riches, des ouvriers eux-mêmes, dont le sort est ici en jeu. Mais ce que nous affirmons sans hésitation, c'est l'inanité de leur action en dehors de celle de l'Église ».

Que l'Église ait toujours défendu la cause des pauvres, cela ne peut faire aucun doute pour ceux qui prennent la peine de lire les témoignages si nombreux de sa touchante sollicitude, et, sans remonter aux premiers siècles (1), rappelons ces grandes paroles de Bossuet : « O riches du siècle, si Dieu est

(1) Voir le savant ouvrage de M. Henri Joly : *Le socialisme chrétien*, chapitres II et III.

libéral envers vous, c'est qu'il a dessein d'éprouver si votre âme sera attendrie par ses bontés et sera touchée du désir de les imiter. De là cette abondance dans votre maison; de là cette affluence de biens; de là ce bonheur, ce succès, ce cours fortuné de vos affaires. Il veut voir, chrétien, si ton cœur avide engloutira tous ces biens pour ta propre satisfaction; ou bien si, se dilatant par la charité, il fera couler ses ruisseaux sur les pauvres et les misérables. Voici, Messieurs, une grande épreuve; c'est ici qu'il nous faut entendre la malédiction des grandes fortunes. L'abondance, la prospérité a coutume d'endurcir le cœur de l'homme; l'aise, la joie, l'affluence, remplissent l'âme, de sorte qu'elles en éloignent tout le sentiment de la misère des autres, et mettent à sec, si l'on n'y prend garde, la source de la compassion. C'est pourquoi le divin Apôtre parlant des fortunés de la terre, de ceux qui s'aiment eux-mêmes et qui vivent dans les plaisirs, dans la bonne chère, dans le luxe, dans les vanités, les appelle « cruels, impitoyables, sans affection, sans miséricorde ».

« Le saint Apôtre, pénétrant par l'Esprit de Dieu dans les plus intimes replis de nos cœurs, voyait que ces hommes voluptueux, attachés excessivement à leurs propres satisfactions, deviennent insensibles aux maux de leurs frères. C'est pourquoi il dit qu'ils sont sans affection, sans tendresse et sans miséricorde : ils ne regardent qu'eux-mêmes. Et le prophète Isaïe représente au naturel leurs véritables sentiments quand il leur attribue ces paroles : « Je suis, il n'y a que moi sur la terre ». Qu'est-ce que toute cette multitude ? Têtes de nul prix et gens de néant. Penser aux intérêts des autres, leur délicatesse ne le permet pas. Chacun ne compte que soi : et, tenant tous les autres dans l'indifférence, on tâche de vivre à son aise dans une souveraine tranquillité des fléaux qui agitent le reste des hommes.

« O Dieu clément et juste ! ce n'est pas pour cette raison que vous avez départi aux riches du monde quelque écoulement de votre abondance, vous les avez faits grands pour servir de pères à vos pauvres ; votre providence a pris soin de détourner les maux de dessus leurs têtes afin qu'ils pensassent à ceux du prochain. Et leur grandeur au contraire les rend dédaigneux, leur abondance secs, leur félicité insensibles, encore qu'ils voient tous les jours non tant des pauvres et des misérables que la misère et la pauvreté en personne, pleurante et gémissante à leur porte.

« O riches, voilà votre épreuve ; et afin d'y être fidèles, écoutez attentivement cette parole du Sauveur des âmes : « Donnez-vous garde de toute avarice ». Cette parole du Fils de Dieu demande un auditeur attentif ; c'est qu'il y a de plus d'une sorte d'avarice. Il y a une avarice sordide, une avarice noire et ténébreuse, qui enfouit ses trésors, qui n'en repait que sa vue et qui en interdit l'usage à ses mains. Mais il y a encore une autre avarice qui dépense, qui fait bonne chère, qui n'épargne rien à ses appétits... C'est une avidité qui veut dévorer tous ses biens, qui donne tout à ses appétits, et qui ne veut rien donner aux nécessités des pauvres et des misérables » (1).

Pour bien comprendre cette doctrine de

(1) Exhortation aux nouvelles catholiques.

Bossuet et se pénétrer de son esprit il faut savoir que, dans la pensée de Dieu, le riche est la providence et l'économe du pauvre.

Le riche n'est pas comblé des dons de la fortune pour les dissiper follement au gré de ses caprices ; s'il veut se conformer à la justice divine et aux prescriptions de l'équité naturelle, il doit en répandre une partie sur ceux que Dieu a confiés à ses soins. Un jour il lui sera demandé compte des souffrances qu'il n'a pas soulagées ; comme le sang d'Abel, les larmes des pauvres crieront vengeance : *si non paveris, occidisti*, dit saint Ambroise.

Entasser ses trésors sans même oser y toucher, ou les dépenser sans faire la part des pauvres, c'est donc, d'après Bossuet, une avarice également ignominieuse et criminelle.

Qui n'a lu le sublime sermon « sur l'éminente dignité des pauvres dans l'Église » ? — « Jésus Christ ne voudrait voir dans son Église que ceux qui portent sa marque, que des pauvres, que des indigents, que des affligés, que des misérables. Mais s'il n'y a que des malheureux, qui soulagera les malheureux ? que deviendront les pauvres dans lesquels il souffre et dont il ressent tous les besoins ? Venez donc, ô riches, dans son Église ; la porte enfin vous est ouverte ; mais elle vous est ouverte en faveur des pauvres et à condition de les servir. C'est pour l'amour de ses enfants qu'il permet l'entrée *à ces étrangers*. Oui, les riches étaient étrangers ; mais le service des pauvres les naturalise et leur sert à expier la contagion qu'ils contractent parmi leurs richesses ; par conséquent, ô riches du siècle, prenez tant qu'il vous plaira des titres superbes, vous pouvez les porter dans le monde ; dans l'Église de Jésus Christ vous êtes seulement serviteurs des pauvres ».

Il est inutile de multiplier les citations ; l'Église n'a jamais tenu un autre langage ; mais puisqu'aujourd'hui elle affirme que, sans elle, on ne résoudra pas le problème social, il importe de peser et de méditer la valeur de ses déclarations.

Léon XIII commence par rappeler cette grande vérité. « Il est impossible que dans la société civile tout le monde soit élevé au même niveau ». Nous avons longuement insisté sur cette proposition évidente, nous n'avons pas à y revenir : il faut donc que l'homme prenne sa condition en patience, or cette condition, c'est le travail et la souffrance : « S'il en est qui promettent au pauvre une vie exempte de souffrances et de peines, toute au repos et à de perpétuelles jouissances, ceux-là certainement trompent le peuple ». Le peuple est, de sa nature, crédule et confiant, surtout quand on fait miroiter à ses yeux un avenir qui flatte le penchant inné de tout homme vers la jouissance et le repos. Promettez la guérison à un malade torturé par un mal qui ne lui laisse ni paix ni trêve, il vous écoutera avec avidité, car il ne demande pas mieux que d'être trompé, et vous ferez naître en lui des espérances changées bientôt en cruelles désillusions. Ce n'est certainement pas dans des promesses décevantes qu'il faut chercher le remède aux maux qui affligent le pauvre.

« L'erreur capitale dans la question présente, c'est de croire que les deux classes sont ennemies nées l'une de l'autre, comme si la nature avait armé les riches et les pauvres pour qu'ils se combattent mutuellement dans un duel obstiné ». Avant de verser le baume, le pape met le doigt sur la plaie. Si les riches et les pauvres sont nécessairement en guerre les uns contre les autres; si les riches n'ont pour les pauvres que l'indifférence ou le mépris; si le cœur du pauvre est le foyer d'une haine inextinguible, c'en est fait de la pacification sociale. Ce beau mot de fraternité écrit au frontispice de tous nos monuments sera une ironie amère, et le rêve d'hommes naïfs, que de violentes commotions rappellent vite à la triste et brutale réalité. Il faut donc, avant toutes choses, inspirer aux riches le respect et l'amour des pauvres, donner aux pauvres la force et le courage de porter leur fardeau, faire comprendre aux uns et aux autres que, malgré les inégalités nécessaires, ils sont tous cependant les membres d'une même famille. Le riche et le pauvre ont été pétris dans la même argile; les distinctions qui les séparent sont, au fond, semblables aux costumes des personnages de théâtre. Quand le rôle est fini, une main impitoyable vient les saisir les uns et les autres sur la scène, elle arrache aux uns leur pourpre, aux autres leurs haillons, et elle leur rappelle à tous une loi d'égalité qu'ils avaient oubliée peut-être tant ils avaient pris leur rôle au sérieux.

C'est là évidemment, dans la question qui nous occupe, le point capital et le nœud du problème. Tant qu'on n'aura pas comblé, par le dogme de la fraternité, l'abîme qui sépare le pauvre du riche, tous les essais demeureront infructueux ; il y aura toujours le riche orgueilleux et le pauvre jaloux qui se « combattront dans un duel obstiné ».

Comment aborder et résoudre la difficulté ? Le pape en appelle à « l'économie des vérités religieuses dont l'Église est la gardienne et l'interprète », c'est-à-dire à une force morale seule capable de donner une solution.

Ici plus d'un lecteur peut-être se récrie et répond : « Des vérités religieuses ! nous n'y croyons pas et il nous faut d'autres remèdes. Nous nous occupons de questions humaines, il s'agit de la terre et ce n'est pas au ciel que nous trouverons la solution d'un problème économique où la religion n'a que faire ».

Le pape, nous le verrons tout à l'heure, n'a garde de négliger les autres moyens qui peuvent aider à la solution, il affirme seulement, qu'en dehors de la force morale dont l'Église dispose, vous n'obtiendrez jamais un traité de paix entre le riche et le pauvre, vous ne les déciderez jamais à se traiter en frères, et c'est cependant là qu'il faut en arriver si vous ne voulez pas éterniser la guerre.

Aucun esprit sincère ne peut douter de la nécessité d'une intervention morale pour arriver à une solution sans laquelle toutes les combinaisons économiques seront inefficaces et impuissantes. Qu'il nous soit permis de citer les déclarations d'un journal dont les hommes prévenus contre la nécessité d'une intervention morale ne récuseront pas l'autorité.

« *Liberté, égalité, fraternité*. Les deux premiers termes sont à peu près conquis et peuvent être assurés par des mesures politiques et législatives. Mais le troisième terme, la fraternité, est d'une autre nature et semble pouvoir difficilement faire l'objet d'un vote parlementaire et d'une loi. Nous entrons ici dans l'ordre moral où rien de bien ne se fait que par le consentement intime de la volonté. La fraternité ne s'établit pas par décret. La proclamer, ce n'est rien encore, c'est l'inspirer qu'il faudrait ; l'inspirer à tous, aux forts pour les faibles et aux faibles pour les forts, aux riches à l'égard des pauvres et aux pauvres à l'égard des riches. Il nous paraît encore ici que ceux qui attisent les haines, qui prêchent la guerre des classes, et font appel brutalement à la loi brutale du plus fort, loin de marcher vers la réalisation du dernier terme de la grande triade de nos aïeux, lui tournent le dos et font la pire œuvre de réaction, puisqu'ils la poussent jusqu'à la barbarie primitive ».

Le lendemain, le même journal abordait le même sujet avec une élévation de vue à laquelle nous sommes heureux de rendre justice et une chaleur communicative qui vous fera pardonner la longueur de la citation :

« Tout ce qu'on édictera par lois ou par décrets en fait de réformes sociales, pourra bien tendre à établir l'égalité ; mais faire naître dans les cœurs le sentiment fraternel, nous ne le croyons guère, à moins que le mot de fraternité ne soit dépouillé de son sens moral et devienne simplement synonyme d'égalité arithmétique dans la justice distributive opérée par l'État entre les biens et les fonctions. Mais, dans ce cas, la fraternité devient superflue et rentre tout uniment dans l'égalité. Aller au delà, faire que les citoyens s'aiment les uns les autres, se partagent leurs ressources dans le besoin, vivent d'une vie morale commune et soient portés au dévouement les uns pour les autres, cette fraternité-là, si sainte, si belle, si efficace, ne naît point par ordonnance légale ; on n'est pas frères de par l'autorité administrative. C'est un sentiment moral qui ne s'acquiert que par le développement des facultés affectives, et une intelligence plus haute de cette solidarité intime qui fait un organisme véritable des familles humaines.

« Le troisième terme de la formule républicaine ne saurait donc être réalisé par la politique officielle toute seule. Une révolution violente, dépossédant une classe au profit d'une autre, faisant riches les prolétaires d'aujourd'hui et prolétaires les possesseurs actuels de la fortune, la réaliserait moins encore, puisqu'il n'y aurait de changé que le nom des heureux. Et cependant une nation ne peut renoncer à cet idéal moral, sans renoncer à la cause même du progrès humain. La fraternité n'en est pas moins le but sacré auquel il faut tendre toujours, dussions-nous intérieurement nous avouer que l'homme, avec son égoïsme naturel, ne l'atteindra peut-être jamais.

« C'est encore en vue de cette fin idéale de la fraternité commune qu'il vaut la peine de vivre, de travailler et de faire de la politique.

« Ce sentiment se généralisant et surtout devenant une réalité pratique entre patrons et ouvriers, ferait plus pour atténuer, sinon pour résoudre les conflits sociaux et la question du rapport du travail et du capital, que toutes les lois que pourra voter la Chambre en cette matière.

« Une bonne loi peut organiser l'assistance des vieillards, des orphelins et des malades, et encore faudra-t-il toujours des cœurs dévoués pour appliquer et faire vivre la loi; mais à quoi bon décréter que les patrons et les ouvriers doivent vivre d'accord et que leurs intérêts sont solidaires, s'ils ont d'une part, des desseins d'oppression et d'exploitation égoïste, d'autre part des sentiments inextinguibles de jalousie et de haine! Vous pouvez bien, par des lois, faire triompher l'égoïsme des uns ou des autres et tuer l'industrie française en la rendant impossible, mais non résoudre le problème ni atteindre le but rêvé, la fraternité positive » (1).

On ne saurait mieux dire. La fraternité est le but sacré vers lequel on doit tendre, l'idéal qu'on doit s'efforcer de réaliser, si on ne veut pas désespérer du progrès humain; l'espérance qui donne à la vie son prix, au travail son soutien, à la politique sa raison d'être. La création de ce sentiment résoudrait les conflits sociaux et la question des rapports entre patrons et ouvriers, plus que toutes les lois, impuissantes d'ailleurs, car on n'est pas frère de par l'autorité administrative. Il faut recourir à une force morale

(1). Voir : *Le Temps* des 24 et 26 septembre 1892.

si l'on veut créer un sentiment qui, par sa nature même, échappe à toute action législative.

Or, l'Église affirme qu'elle est capable de réaliser le rêve de la fraternité humaine « de pénétrer dans les âmes et d'obtenir des volontés qu'elles se laissent conduire et gouverner par la règle des préceptes divins. Ce point est capital et d'une importance très grande, continue Léon XIII, parce qu'il renferme comme le résumé de tous les intérêts qui sont en cause, et ici l'action de l'Église est souveraine ».

Si l'Église se contentait d'affirmer qu'elle peut remplacer, par la fraternité, l'égoïsme du riche et la haine du pauvre, et qu'elle seule est capable de réaliser l'idéal de ce grand progrès, on pourrait la taxer de témérité et de présomption ; mais, à côté de son affirmation, elle met les preuves, et ces preuves sont des faits palpables dont tout le monde peut constater la vivante réalité. Nous sommes dans un siècle de science expérimentale ; les théories touchent peu, seuls, les faits ont le privilège de convaincre les plus incrédules. Qu'ils aillent donc expérimenter eux-mêmes dans *les laboratoires de la charité* les effets produits par la force mystérieuse dont l'Église dispose ; rien n'est plus facile. Si un savant annonçait qu'il vient de résoudre un problème dont on a bien longtemps cherché la solution, tout le monde accourrait à la Sorbonne ou au Collège de France pour être témoin de la vérité ou de la fausseté de son affirmation. Hé bien ! l'Église réalise tous les jours, sous vos yeux si vous daignez regarder, le prodige de la fraternité élevé jusqu'à l'héroïsme ; il dépend de vous d'acquérir, de ce fait, une science expérimentale. Mais non, on ne prend même pas la peine de vérifier les assertions de l'Église, et l'on s'en va répétant qu'il faut chercher la solution en dehors de l'Église et de son influence.

Par l'impérieux précepte de l'aumône et en rappelant au riche que le pauvre est le frère préféré du Christ, l'Église supprime, par la persuasion, l'abîme que le socialisme voudrait combler par la force et les ruines sociales.

— « Dès qu'on a suffisamment donné à la nécessité et au décorum, c'est un devoir de verser le superflu dans le sein des pauvres ».— « C'est vers les classes infortunées que le cœur de Dieu semble s'incliner davantage. Jésus Christ appelle les pauvres des bienheureux ; il invite à venir à lui, afin qu'il les console, tous ceux qui souffrent et qui pleurent ; il embrasse avec une charité plus tendre les petits et les opprimés » (1).

Faire aux pauvres une large part des biens que la Providence nous a départis, est la conséquence nécessaire de la maxime fondamentale de l'Évangile « aimez-vous les uns les autres » car il ne faut pas aimer « seulement en paroles et du bout des lèvres, mais prouver, par les œuvres, la sincérité de notre amour » (2).

L'aumône n'est pas un conseil auquel ne sont pas tenus ceux qui n'aspirent pas à la perfection, c'est un précepte rigoureux qui oblige tout chrétien sous peine de réprobation éternelle. Saint Thomas appuie cette doctrine sur la parole du Christ : « Retirez-vous, maudits, allez au feu éternel, parce que

(1) RERUM NOVARUM.

(2) Ia *Joannis*, III, 18,

j'avais faim et vous ne m'avez pas donné à manger, car toutes les fois que vous refusez du pain au plus petit d'entre les miens, c'est à moi-même que vous l'avez refusé, (Matth. xxv) (1).

Les paroles du Christ sont si formelles que le doute n'est pas possible : quiconque ne fait pas la part du pauvre commet un crime passible d'un épouvantable châtiment. Bâtissez de somptueux palais, asseyez-vous à cette table dont parle le Christ dans la parabole du mauvais riche « *quotidie epulabatur splendide* » ; que les cris joyeux des convives vous fassent oublier Lazare couvert de plaies assis au seuil de votre porte, jouissez, soyez heureux, à vous tout ce que la terre peut donner de joies, de plaisirs et de sourires ; hâtez-vous, car la vie s'écoule, et elle vous emporte là où s'en vont les riches sans entrailles que le Christ a maudits. Tandis que vous êtes bien logé, bien vêtu, bien repu, les pauvres dans leur taudis, sont couverts de haillons et meurent de faim, et cependant ils sont hommes comme vous, semblables à

(1) 2ª 2. q. XXXII, art. 5.

vous, de quelque titre que votre orgueil se pare. O riches, en ayant pitié d'eux ayez aussi pitié de vous, car, un jour ou l'autre, il faudra que justice se fasse ; il n'est pas possible que les uns soient toujours rassasiés et les autres toujours affamés.

Donnez! il vient un jour où la terre nous laisse :
Vos aumônes là-haut vous font une richesse.
Donnez! afin qu'on dise : « il a pitié de nous »!
Afin que l'indigent que glacent les tempêtes,
Que le pauvre qui souffre à côté de vos fêtes
Au seuil de vos palais fixe un œil moins jaloux.

Donnez! pour être aimés de Dieu qui se fit homme,
Pour que le méchant même en s'inclinant vous nomme,
Pour que votre foyer soit calme et fraternel.
Donnez! afin qu'un jour à votre heure dernière
Contre tous vos péchés vous ayez la prière
D'un mendiant puissant au ciel ! (1)

Le précepte de l'aumône ne porte-t-il pas atteinte au droit de propriété? Car si mes biens m'appartiennent, et s'ils sont réellement à moi, ne puis-je pas en user à ma

(1) *Feuilles d'automne.*

guise ou les garder comme bon me semble? Conseillez-moi de donner aux pauvres, soit, mais m'en faire une obligation, c'est attaquer le principe même de la propriété.

Sans doute, répond saint Thomas, vos biens sont votre propriété légitime, et on ne vous la conteste pas, mais la question est de savoir quel usage vous devez en faire. Or, vous devez vous en servir d'abord pour vous et pour les vôtres selon les exigences du rang et de la condition ; le reste est à ceux auxquels votre superflu est nécessaire pour vivre : *Bona temporalia, quæ homini divinitus conferuntur, ejus quidem sunt quantum ad proprietatem; sed quantum ad usum non solum debent esse ejus, sed etiam aliorum, quo ex eis sustentari possunt ex eo quod ei superfluit* (1). Les théologiens sont unanimes sur ce point : le superflu du riche est l'héritage du pauvre. Toute la difficulté consiste à voir ce qu'il faut entendre par *le superflu* du riche ; nous allons la résoudre en suivant la doctrine austère mais sûre de Bourdaloue (2). Quelques

(1) *Loc. cit.* ad 2.

(2) *Sermon sur l'aumône*, 2e partie.

oreilles délicates trouveront peut-être que nos paroles sont étranges et même un peu subversives ; il en a toujours été ainsi : Quand on disait aux Apôtres de se taire ils répondaient : *Non possumus non loqui* (1); ils n'ont jamais consenti à retenir la parole captive; et c'est parce qu'ils n'ont pas voulu se taire qu'ils ont sauvé le monde.

Le superflu est ce qui reste quand on a pourvu aux besoins des siens selon les exigences de l'état et de la position que l'on occupe dans le monde. L'Église, qui ne rêve pas le nivellement des socialistes, reconnait la nécessité des inégalités sociales; elle admet que chacun vive selon son rang, elle demande seulement que l'on donne le superflu.

« Précisément, répondent certains riches, nous ne demandons pas mieux que de donner le superflu, mais nous n'en avons pas; tout est absorbé par les exigences de notre situation, et loin d'avoir du superflu, nous n'avons pas même le nécessaire ».

De quelle situation, de quel état parlez-

(1) Act. IV, 20.

vous, réplique Bourdaloue? « Est-ce un état chrétien, ou est-ce un état païen? est-ce un état réel ou est-ce un état imaginaire? est-ce un état borné ou est-ce un état sans limites? est-ce un état dont Dieu soit l'auteur, ou est-ce un état que se soit fait une passion aveugle? car voilà le nœud de toute la difficulté.

« Il est évident que si, sous prétexte de tenir votre rang, vous étalez un luxe scandaleux, si votre cupidité effrénée est sans cesse stimulée par des désirs et une ambition sans limites; loin d'avoir du superflu, vous manquerez souvent du nécessaire. Votre orgueil et l'amour immodéré de vos aises, engloutiront des revenus immenses, mais pensez-vous qu'ils vous dispensent du précepte de l'aumône? A ce compte, les plus riches seraient souvent ceux qu'atteindrait le moins l'obligation de donner aux pauvres.

« Admettons cependant que votre situation soit telle que vous vous l'imaginez, et examinons ce qu'il y a, dans cette situation, de nécessaire ou de superflu : « Or, j'appelle au moins superflu ce qui vous est, je ne dis pas précisément inutile, mais même évidemment préjudiciable. Car pour ne rien exagérer, je ne prends de ces états que ce qui sert à en fomenter les dérèglements, les excès, les crimes; et cela me suffit pour trouver du superflu. J'appelle superflu ce que vous donnez tous les jours à vos débauches, à vos plaisirs honteux : renoncez à cette idole dont vous êtes adorateurs et vous aurez du superflu. J'appelle superflu, femme mondaine, ce que vous dépensez; disons mieux, ce que vous prodiguez en mille ajustements frivoles, qui entretiennent votre luxe, et qui seront peut-être un jour le sujet de votre réprobation : retranchez une partie de ces vanités et vous aurez du superflu. J'appelle superflu ce que vous ne craignez pas de risquer à un jeu qui ne vous divertit plus, mais qui vous attache, mais qui vous passionne, mais qui vous dérègle, mais surtout qui vous ruine et qui vous damne : sacrifiez ce jeu et vous aurez du superflu. Quoi donc ! vous avez de quoi fournir à vos passions, et à vos passions les plus déréglées tout ce qu'elles demandent; et vous prétendez n'avoir pas de superflu? vous avez du superflu pour tout ce qui vous plait, et vous n'en avez point pour les pauvres? ».

Oui, on trouve de l'argent quand la passion en réclame, et si un affamé tend la main, on dit que la caisse est vide. Et cependant tout ce superflu dont parle Bourdaloue était la part des pauvres : « Tristes vérités pour vous, riches du monde, et qui ne confirment que trop ce terrible anathème que le Fils de Dieu a prononcé contre vous : « *Væ vobis divitibus* ».

Il est légitime de désirer accroître sa fortune et le bien-être de ses enfants, pourvu que les aumônes croissent avec la fortune, et qu'en songeant à l'avenir des enfants on n'oublie pas ce que l'on doit aux pauvres : « Regardez ce pauvre, dit Bourdaloue, comme un enfant de surcroît dans votre maison » (1).

Qu'on ne dise pas, pour se dispenser du précepte de l'aumône, que tout homme peut

(1) Si Bourdaloue prêchait aujourd'hui à Paris son sermon *sur les richesses*, il soulèverait un *tolle* général : les jouisseurs le traiteraient de séditieux, les possesseurs de fortunes scandaleuses y verraient une attaque directe et des allusions à peine déguisées sur les moyens dont ils se sont servis pour devenir millionnaires.

trouver sa vie dans le travail, et que par conséquent les pauvres sont des paresseux indignes de pitié auxquels on doit appliquer la parole de l'Écriture elle-même : « *Si quis non vult operari, nec manducet* » (1). Sans doute, la pauvreté est souvent fille de la paresse et de l'inconduite ; nous admettons sans difficulté qu'il y a des pauvres responsables de leur misère ; mais affirmer, d'une manière générale, que quiconque veut travailler trouve du travail pour vivre, c'est vouloir être démenti par les faits les plus poignants et les plus irrécusables. Ils sont, hélas ! trop nombreux les infortunés qui demandent en vain du travail pour gagner leur pain à la sueur de leur front, et, s'il y a des pauvres coupables, il y en a aussi auxquels il n'est pas permis d'imputer leur pauvreté sans une criante injustice. Suivons la route du calvaire qui conduit l'ouvrier laborieux et économe, de l'aisance relative, à la misère noire. Il tombe malade (nul n'est à l'abri de la maladie), naturellement, plus de travail : les petites économies sont dévorées par le

(1) II Thessal. III, 10.

chômage et les remèdes; il faut vivre et payer un loyer: au bout de peu de temps le père se meurt dans une chambre à peu près nue, dont les meubles, vendus les uns après les autres, ont permis à sa femme de donner des remèdes au malade et du pain aux enfants. Parfois il ne reste pas à la veuve, même de quoi acheter un cercueil; elle se raidit contre le malheur, elle cherche du travail, et elle n'en trouve pas; si personne ne lui vient en aide, elle n'a plus qu'à mourir de faim. Mourir de faim! ne croyez pas que ce soit là une phrase à effet pour les besoins de la cause: oui, il y a des gens qui meurent de faim, et il y en a d'autres dont la misère imméritée est telle que la mort serait peut-être préférable. Vous qui êtes au sommet de l'échelle sociale et qui vous plaignez de n'avoir pas un appétit suffisamment aiguisé en face des mets dont votre table est surchargée: ne vous y trompez pas, oui, il y a des gens qui ont faim et qui en meurent. On écrirait des volumes avec le récit de faits, bien connus de ceux que la charité conduit dans les bas-fonds de la société pour secourir et consoler.

Marie J...., orpheline, fut adoptée avec sa sœur par une tante qui avait elle-même 7 enfants; elle travaillait dans une fabrique de boutons à Charonne où elle gagnait 0,75 par jour. A 19 ans, elle épousa un terrassier qui l'emmena dans un village de Meurthe-et-Moselle. Le mari gagnait 1 fr. 50 et la femme 0,75 à des ouvrages de broderie. Trois enfants naquirent; peu après la naissance du dernier, l'aîné mourut et le père fut enlevé par une fluxion de poitrine. La veuve et sa sœur travaillaient jour et nuit pour gagner 1 fr. 50 par jour, et bientôt l'ouvrage manqua complètement. La jeune fille, malade, fut mise à l'hospice, et la veuve vint à Paris, à pied, portant ses deux enfants, l'un de 27 mois et l'autre de 8 : il lui restait 10 francs. Elle se logea à un sixième, mais les cris des enfants importunant les voisins, elle fut mise à la porte. Repoussée de partout à cause des enfants, elle put enfin louer une mansarde rue de Douai à la condition de placer en nourrice le plus jeune des enfants. Elle trouva un petit ménage à faire, mais elle dut l'abandonner pour soigner son aîné, malade de la rougeole, compliquée de bronchite. A l'heure où nous écrivons ces lignes elle est au chevet de son enfant où elle mourrait de faim sans la pitié généreuse et attendrie de celle qui nous a raconté cette lamentable histoire (1).

L'Église réalise donc le rêve de la fraternité en inspirant au riche la miséricorde envers le pauvre, elle relève le pauvre à ses propres yeux et aux yeux du riche en nous rappelant que, malgré les inégalités sociales, nous sommes tous les fils du même Père qui est au ciel ; elle apporte donc, à la solution du problème social, le plus puissant élément de pacification et de concorde. Elle va encore plus loin : c'est beaucoup de nourrir le pauvre, ce n'est pas assez, il faut le consoler et lui faire accepter l'inévitable humiliation d'une situation sociale inférieure. L'Église opère encore ce nouveau prodige en déroulant aux regards du pauvre la perspective

(1) Les faits de ce genre sont innombrables : il est absolument faux de dire que tous les pauvres sont des paresseux indignes de pitié.

des espérances immortelles, en lui montrant là-haut ce lieu où toute justice sera faite et où « les derniers seront les premiers » (1).

Les économistes que n'aveugle pas une haine inexplicable dans une cause que l'Église a toujours si vaillamment défendue, proclament hautement l'action bienfaisante des maximes de l'Évangile : « Nul ne contestera, dit M. Émile de Laveleye, que le Christianisme ne prêche le relèvement des pauvres et des deshérités... ».

« Le Christianisme, qui avait apporté à notre Occident les idées d'égalité et de fraternité, enseignait en même temps la soumission et la patience, car il disait aux opprimés : cette vie n'est qu'une épreuve ; obéissez aux puissants, supportez sans révolte toutes les privations, car elles vous seront comptées là-haut où est votre vrai trésor. Sur cette terre, l'iniquité triomphe ; mais le Royaume des cieux est l'héritage des déshérités d'ici-bas. — Ainsi l'Évangile, qui, en éveillant dans les âmes la soif de la justice, avait semé les germes des révolu-

(1) Matth. xx, 16.

tions sociales, en conjurait d'autre part l'explosion, en ouvrant, pour les opprimés, la perspective des félicités d'outre-tombe. Aujourd'hui, à mesure que la foi s'en va, le peuple, cessant de croire en ces compensations célestes, réclame dès maintenant sa part de bonheur. Ce n'est plus dans le paradis, c'est dans la société actuelle qu'il veut la réalisation des promesses évangéliques.

« S'il ne reçoit pas ce qu'il croit mériter, s'il est malheureux, il ne peut plus s'en consoler en pensant que ses souffrances, acceptées avec résignation, lui vaudront une centuple récompense. Lui démontrerez-vous que cette justice qu'il rêve est une chimère, et que le partage actuel des biens est déterminé par des lois naturelles inéluctables ? Alors, désespéré, il dira comme les millénaires : « Périsse par le feu cette société où règne l'iniquité, afin que sur ces débris surgisse un monde nouveau ». Si ceux qui fomentent des révolutions violentes s'efforcent d'extirper tout sentiment religieux, c'est parce qu'ils savent que le meilleur moyen de soulever le peuple est de lui enlever l'espoir de trouver, en un autre monde, la justice qui lui est refusée en celui-ci » (1). Un bouleversement social universel est en effet la conséquence logique et pratique de la perte de toute croyance religieuse. Dites donc au peuple que son lot est de toujours souffrir, tandis que d'autres jouissent et paraissent heureux ! Si cette vie est le seul moment où il puisse rétablir l'équilibre, et savourer des joies dont il a soif aussi bien que d'autres, vous allumez dans son cœur, contre un ordre social dont il est la victime et la proie, une haine féroce dont les explosions ébranleront l'édifice, de la base au sommet. Si l'utopie socialiste était appliquée, il n'y aurait, comme dit le publiciste cité plus haut, il n'y aurait de changé que le nom des heureux. Les dépossédés voudront reconquérir et, à leur tour, ils attendront le moment favorable : la société s'agitera de convulsions en convulsions dans un cercle vicieux, dont elle ne pourra jamais sortir. Léon XIII a donc bien raison d'affirmer, qu'en dehors de l'influence consolante et pacificatrice de l'Église, le problème social ne sera jamais résolu. Quand

(1) *Le socialisme contemporain*, introduction.

même la charité officielle parviendrait à soulager toutes les infortunes (ce qui est absolument faux) elle ne remplacera pas, dit le Souverain Pontife « cette charité qui se voue tout entière et sans arrière-pensée à l'utilité du prochain ». Il ne faut pas seulement du pain au pauvre, il lui faut aussi, on peut même dire surtout, il lui faut la sainte pitié, la tendresse attentive et délicate, il lui faut l'amour, en un mot. Il se sent délaissé, oublié, méprisé ; il souffre dans sa légitime fierté de se voir un objet d'éloignement pour les riches et les heureux du monde, c'est là une plaie que l'argent est impuissant à guérir ; elle ne se cicatrise que par le baume de l'amour. L'amour du pauvre ! Qui donc a révélé au monde ce sentiment inconnu avant l'Évangile ? Où donc est le foyer de ce feu sacré, qui consume des milliers d'âmes dont l'existence tout entière est consacrée au service désintéressé des pauvres ? L'Église est justement fière de cette armée de la charité qu'elle lance sur tous les champs de bataille de la vie où des mains pieuses vont ramasser les blessés, les vaincus et les désespérés.

Après ces considérations sur l'influence de l'Église, et avant de spécifier les moyens particuliers qui peuvent aider à la solution du problème, le Souverain Pontife pose les principes généraux qui doivent régler les rapports entre l'ouvrier et le patron.

L'ouvrier « doit fournir intégralement et fidèlement tout le travail auquel il s'est engagé par un contrat libre et conforme à l'équité, il ne doit point léser son patron, ni dans ses biens ni dans sa personne, ses revendications mêmes doivent être exemptes de violences et ne jamais revêtir la forme de séditions; il doit fuir les hommes pervers qui, dans des discours artificieux, lui suggèrent des espérances exagérées et lui font de grandes promesses qui n'aboutissent qu'à de stériles regrets et à la ruine des fortunes ». Le pape appelle *pervers* les hommes qui trompent l'ouvrier par des promesses exagérées. C'est en effet se jouer indignement de la crédulité populaire que de faire naître, dans le cœur de l'ouvrier, des espérances chimériques. Les vrais amis du peuple lui conseillent le travail, l'économie et la bonne conduite ; ses exploiteurs lui promettent une ère de prospérité inouïe, qu'ils savent bien être un fantôme insaisissable.

Si l'ouvrier doit au patron la totalité du travail convenu, celui-ci à son tour « ne doit point traiter l'ouvrier en esclave; il est juste qu'il respecte en lui la dignité de l'homme relevée encore par celle du chrétien ». Cette parole de Léon XIII est d'une importance capitale et résume les devoirs essentiels du patron à l'égard de l'ouvrier. L'ouvrier n'est pas un esclave. On s'étonne peut-être d'entendre Léon XIII rappeler cette vérité qui paraît banale grâce aux progrès, lentement accomplis, mais définitivement conquis aujourd'hui. N'oublions pas cependant que les heureux, les forts, les puissants de ce monde sont toujours tentés de regarder comme des esclaves les faibles, les petits et les humbles. Ne dirait-on pas que l'humanité est divisée en deux classes: à l'une tous les droits, à l'autre tous les devoirs? Le patron orgueilleux qui visite son usine, n'est-il pas exposé à croire que l'ouvrier, aux mains noircies, est d'une race inférieure condamnée, par son infériorité même, à des travaux *serviles*? Le pape lui rappelle que cet ouvrier méprisé est homme, et, qu'à ce titre, il a droit au respect. Il est homme, il est chrétien c'est-à-dire particulièrement cher au cœur d'un Dieu qui, lui aussi, a gagné son pain à la sueur de son front. Ah! si les patrons étaient pratiquement convaincus de ses vérités, ils ne songeraient guère (ce sont les paroles du pape) à user de l'homme comme d'un vil instrument de lucre et à ne l'estimer qu'en proportion de la vigueur de ses bras ».

La question du salaire est trop importante pour que le pape ne la mette pas « parmi les devoirs principaux du patron » (1). Exploiter la misère en ne donnant pas à l'ouvrier le salaire qui lui revient « est un crime à crier vengeance au ciel ». — « L'avoir du pauvre, pour être de mince importance, revêt un caractère plus sacré ». Assurément il n'est permis de frustrer personne; la justice exige qu'il soit rendu à chacun ce qui lui est dû, mais, de toutes les dettes, le juste salaire de l'ouvrier est la plus sacrée. Pourquoi? Parce qu'en ne donnant pas à l'ouvrier l'équi-

(1) Nous reviendrons sur cette question que Léon XIII traite ailleurs avec plus de détails.

valent de son travail on le prive du nécessaire (l'ouvrier en effet n'a que son travail pour vivre) ; parce qu'on abuse de sa situation qui le force, en général du moins, à demeurer là où il est, lors même que son travail n'est pas justement rémunéré ; parce qu'il est honteux de s'attaquer à une faiblesse, désarmée par les inexorables nécessités de la vie. L'injustice est toujours condamnable, mais celle que l'on commet contre quelqu'un qui, par sa situation même, ne peut pas se défendre, est évidemment plus coupable qu'un préjudice porté à un homme à même de revendiquer son droit. Pour toutes ces raisons, le salaire est une dette sacrée.

CHAPITRE IX

L'ÉTAT.

Les travailleurs doivent être, de la part de l'État, l'objet d'une sollicitude particulière. — L'État doit protéger la propriété et la dignité de l'ouvrier. — Repos du dimanche. — Le salaire.

La troisième partie de l'Encyclique traite du rôle de l'État dans la question sociale. On s'est demandé, à ce propos, si le pape était, comme l'on dit aujourd'hui, *interventionniste* ou *non interventionniste*. La question est oiseuse, à notre avis. Il suffit de méditer attentivement cette troisième et si importante partie de l'Encyclique, pour se convaincre que Léon XIII, en posant les principes généraux qui doivent présider à l'action de l'État, se tient à une égale distance du laisser-faire et de l'ingérence (1). L'étude du

(1) Si, par *laisser-faire*, on entend la liberté, l'émancipation du travail par l'initiative indivi-

document pontifical prouve que Léon XIII est dans le juste milieu, c'est-à-dire dans la sagesse et dans la vérité ; il expose les devoirs de l'État avec une profondeur de vue et une élévation de pensées vraiment admirables; on ne saurait trop se pénétrer des vérités qu'il enseigne et qui sont le programme achevé de la science économique et sociale.

« Ce qu'on demande d'abord aux gouvernants, dit-il, c'est un concours d'ordre général qui consiste dans l'économie tout entière des lois et des institutions; nous voulons dire qu'ils doivent faire en sorte que, de l'organisation même et du gouvernement de la société, découle spontanément et sans effort la prospérité tant publique que privée. Tel est en effet l'office de la prudence civile et le devoir propre de tous ceux qui gouvernent. Or, ce qui fait une nation prospère, c'est la probité des mœurs, des familles fon-

duelle, la formule est sage et juste : on doit, au contraire, la rejeter si on l'interprète dans ce sens que l'État ne peut jamais intervenir pour venger des droits méconnus. Ce serait alors la consécration de l'exploitation de l'ouvrier par le patron.

dées sur des bases d'ordre et de moralité, la pratique de la religion et de la justice, une imposition modérée et une répartition équitable des charges publiques, le progrès de l'industrie et du commerce, une agriculture florissante et d'autres éléments, s'il en est du même genre, toutes choses que l'on ne peut porter plus haut sans faire monter d'autant la vie et le bonheur des citoyens. De même donc que, par tous ces moyens, l'État peut se rendre utile aux autres classes, de même il peut grandement améliorer le sort de la classe ouvrière, et cela dans toute la rigueur de son droit et sans avoir à redouter le reproche d'ingérence; car, en vertu même de son office, l'État doit servir l'intérêt commun ».

C'est peut-être la première fois qu'un pape, dans l'exercice de sa charge suprême, traite, avec tant d'instance, des intérêts matériels des peuples. Certes, nous l'avons surabondamment démontré, l'Église n'a jamais négligé d'adoucir la condition des pauvres, mais, en général, les papes, dans leur enseignement public, ont rappelé aux peuples, surtout les vérités qui tiennent à un ordre moins accessible aux préoccupations humaines. Léon XIII, après avoir levé ses yeux vers le ciel en invoquant l'intervention souveraine de l'Église dans la question sociale, abaisse son regard vers la terre afin de prouver aux peuples qu'il n'est pas insensible aux progrès de l'industrie, du commerce et de l'agriculture ; progrès qui ne peuvent s'effectuer sans « faire monter d'autant la vie et le bonheur des citoyens ». L'État peut beaucoup pour amener ce résultat. Il faut, pour cela, que la prospérité publique et privée découle spontanément des institutions elles-mêmes, c'est-à-dire que, s'il y a, dans un pays, un ensemble de lois ou de règlementations qui, par leur nature même, sont un obstacle à la prospérité publique, ces lois et ces règlements administratifs doivent être supprimés. Il faut donc que tout citoyen soit libre d'exercer telle profession, métier ou commerce qu'il jugera à propos, s'il espère en retirer quelque profit ; il faut qu'un cultivateur soit certain de jouir du fruit de son travail, qu'il soit libre de cultiver à son gré, de posséder la quantité de bétail nécessaire à son exploitation, et de faire sa moisson en temps opportun, etc., etc. Toutes les entraves nuisibles à la prospérité publique et privée doivent être enlevées, et le principe si sage et si juste du Souverain Pontife condamne la situation précaire dans laquelle se trouvaient autrefois, en France, le commerce, l'industrie et l'agriculture. Les institutions quelles qu'elles soient seraient vaines sans la probité, la moralité, la religion et la justice. Les applications générales de la justice publique sont « une imposition modérée et une répartition équitable des charges ».

Après avoir énoncé ces grands et féconds principes, le pape enseigne quels sont les devoirs de l'État envers la classe ouvrière en particulier.

La raison d'être d'un gouvernement est le bien commun et la sauvegarde des droits de tous, grands et petits : « Les pauvres, au même titre que les riches, sont, de par le droit naturel, des citoyens... comme donc il serait déraisonnable de pourvoir à une classe de citoyens et d'en négliger l'autre, il devient évident que l'autorité publique doit aussi prendre les mesures voulues pour sauvegarder le salut et les intérêts de la classe ouvrière ». On ne pouvait pas exprimer en termes plus précis et plus formels le grand principe de l'égalité devant la loi : « Les pauvres sont citoyens de droit naturel au même titre que les riches ». Il n'y a donc, dans un État bien organisé et où règne la justice, que des citoyens ; plus de ces classifications arbitraires qui divisaient les habitants d'un même pays en castes privilégiées et en familles déshéritées ; plus de ces distinctions orgueilleuses, tristes restes de l'esprit païen si rebelle à l'égalité et à la fraternité évangéliques. Devant Dieu « tous les hommes sont égaux : point de différence entre riches et pauvres, maîtres et serviteurs, princes et sujets : *Ils n'ont tous qu'un même Seigneur*. Cette dignité de l'homme, que Dieu lui-même traite *avec un grand respect*, il n'est permis à personne de la violer impunément, ni d'entraver la marche de l'homme vers cette perfection qui répond à la vie éternelle et céleste ». Pourquoi la loi humaine serait-elle plus difficile que Dieu ? et puisque les hommes sont égaux devant Lui pourquoi ne le seraient-ils pas aussi devant la loi ?

Cependant si l'État doit témoigner quelque préférence et être animé d'une sollicitude particulière envers une classe de citoyens, c'est à l'égard des faibles : « Dans la protection des droits privés, dit Léon XIII, l'État doit se préoccuper d'une manière spéciale des faibles et des indigents. La classe riche se fait comme un rempart de ses richesses et a moins besoin de la tutelle publique. La classe indigente, au contraire, sans richesse pour la mettre à couvert des injustices, compte surtout sur la protection de l'État ». La richesse en effet met le riche à l'abri de bien des injustices, car on n'ose pas s'attaquer à un homme qui a des armes pour se défendre. L'argent, il faut bien le dire, est une épée bien trempée, quelquefois même celui qui la tient ne s'en sert pas seulement pour se défendre mais pour oser des entreprises coupables trop souvent impunies. Mais le pauvre ? faible et désarmé, il devient facilement une proie. Il n'a pour lui que sa justice et que son droit, et que sont la justice et le droit contre les envahissements de la force ? Le devoir de l'État est donc de couvrir d'une protection spéciale ceux des citoyens qui, à raison même de leur faiblesse, sont plus exposés à être broyés sous les pieds des forts. Si l'État comprenait la grandeur du rôle que le pape lui assigne, il mettrait d'autant plus d'ardeur à venger le droit des pauvres que l'agression, dans l'espoir de l'impunité, a été inqualifiable et lâche. La puissance de l'argent est grande; elle va, dit-on, jusqu'à faire capituler les consciences.

La seconde raison pour laquelle l'État doit se préoccuper spécialement du sort des pauvres et des ouvriers c'est que « le travail de l'ouvrier, travail des champs ou de l'usine... a une telle fécondité et une telle efficacité, que l'on peut affirmer, sans crainte de se tromper, qu'il est la source unique de la richesse des nations ». Le pape proclame là une vérité économique incontestable. Les spéculations et les fortunes qui s'élèvent ou s'effondrent par elles, sont une richesse factice; et les catastrophes financières qui, à tout moment, jettent l'épouvante et le désarroi dans les affaires, prouvent le peu de solidité de la richesse qui n'est pas assise sur la base du travail fécond par lui-même et en lui-même. En définitive, c'est toujours la terre qui est la grande nourricière de l'homme, et la richesse vraie consiste dans la possession des biens qu'elle produit par le travail des champs ou de l'usine. Après tout, on ne mange pas l'or, et les billets de banque seraient une nourriture peu confortable ; il faut en revenir nécessairement aux biens de la terre. Voyez ce riche financier dans son bel hôtel entouré de tout le luxe qu'on étale si volontiers aujourd'hui.

Qui a bâti son hôtel? Qui a tissé l'étoffe de ses vêtements ? Qui a confectionné les objets qui encombrent ses appartements, les uns nécessaires, les autres futiles? Qui a fait venir les mets dont sa table est surchargée ? Partout vous constatez la présence de deux travailleurs, le paysan et l'ouvrier. Sans le travail de l'ouvrier il n'y aurait ni maison, ni vêtements, ni meubles; sans le travail du paysan il n'y aurait ni pain, ni fruits sur la table, et notre financier, avec tout son or, serait condamné à coucher à la belle étoile et à mourir de faim. Le double travail dont parle Léon XIII est donc non seulement la source de la vraie richesse, mais encore la condition indispensable du bien-être social. Sans doute d'*autres ouvriers* concourent à la grandeur et à la gloire nationales, un peuple est heureux de pouvoir prononcer les noms de ses philosophes, de ses poètes, de ses artistes et de ses orateurs; mais ces ouvriers, dont il s'honore à juste titre, peuvent être comparés à des objets de luxe, tandis que ceux dont parle le pape sont des objets de première nécessité. A ce titre, ils ont un droit spécial à la sollicitude de l'État : « L'équité demande donc que l'État se préoccupe des travailleurs et fasse en sorte que de tous les biens qu'ils procurent à la société, il leur en revienne une part convenable, comme l'habitation et le vêtement, et qu'ils puissent vivre au prix de moins de peines et de privations... Il importe souverainement à la nation que des hommes qui sont pour elle la source de biens aussi indispensables ne se trouvent point continuellement aux prises avec les horreurs de la misère ». Ce serait, en effet, une criante injustice que de voir des hommes dont le travail procure le bien-être général, perpétuellement condamnés à se débattre dans les angoisses de la misère.

Par quelles mesures l'État travaillera-t-il efficacement à améliorer la condition des ouvriers ?

« En premier lieu, dit Léon XIII, il faut que les lois publiques soient, pour les propriétés privées, une protection et une sauvegarde ». Il peut sembler étrange de voir le pape mettre le principe du droit de propriété en tête des mesures favorables aux ouvriers : Ce n'est pas cependant sans de grandes et de profondes raisons.

Le danger, dans cette question, est de croire, qu'en portant une atteinte plus ou moins indirecte au droit de propriété, on avancera la solution du problème ; quelques économistes certainement bien intentionnés n'ont pas su éviter le piège. On confond la justice avec la charité. En justice, la propriété privée, fonds et produits, est un droit ; *en charité* on doit partager avec les nécessiteux et donner le superflu. Avec saint Thomas nous disons *donner* et distribuer, ce qui suppose évidemment la propriété ; on ne donne que ce qui vous appartient. Si le superflu appartenait à d'autres qu'au propriétaire, le don serait une restitution, et un autre que le propriétaire aurait le droit de prendre. De là à autoriser le vol, il n'y a pas loin. Non, ce n'est pas en affaiblissant la notion du droit de propriété qu'on rendra moins dure la condition de l'ouvrier, on la compromet au contraire en lui enlevant le plus puissant levier d'une vie laborieuse et économe, c'est-à-dire l'espoir de devenir un jour propriétaire à son tour. L'État, dans l'intérêt même de l'ouvrier, doit donc protéger la propriété et la couvrir du bouclier de la loi. Si la foule, emportée par « tant de cupidités en effervescence » tente de franchir la barrière qui entoure la propriété, le devoir de l'État est de la contenir et cela, nous le répétons, non seulement dans l'intérêt du propriétaire actuel, mais aussi dans l'intérêt du propriétaire de demain, c'est-à-dire de l'ouvrier laborieux et économe.

Le second devoir de l'État est de protéger la dignité de l'homme dans la personne du travailleur ; or, l'âme est le siège de la dignité humaine. « Il n'est pas loisible à l'homme de déroger spontanément à la dignité de sa nature, ou de vouloir l'asservissement de son âme, car il ne s'agit pas des droits dont il ait la libre disposition, mais des devoirs envers Dieu qu'il doit religieusement remplir ». L'un des meilleurs moyens et des plus efficaces pour sauvegarder la dignité de l'ouvrier est de lui accorder un jour consacré à son âme, sans cela il est exposé à devenir comme une machine à travail où il n'y aura de l'homme que l'extérieur et la surface. L'homme est un être intelligent et par conséquent religieux. Il s'élève, par sa raison, à la notion de la Divinité, cause première et suprême des phénomènes dont il est le témoin, mais cette route est ardue, difficile, impraticable pour la plupart et, en particulier, pour les travailleurs dont la vie se consume aux labeurs du pain quotidien. La religion vient à leur aide ; elle leur apprend à connaître Dieu et les vérités que leur intelligence réclame. Tout aussi bien que les riches, ils ont droit à la lumière ; il n'est pas permis de les vouer à d'éternelles ténèbres et d'effacer sur leur front le signe de leur origine céleste. Que d'autres, pour maintenir les ouvriers dans l'abaissement et la sujétion, essayent de leur cacher les vérités qui leur rendent la conscience de leur dignité, l'Église protestera toujours contre cet abus de la force ; elle ne permettra jamais qu'on fasse, de la grande majorité des hommes, un vil troupeau courbé sous le joug d'un travail perpétuel qui ne leur laisse pas un jour de liberté pour s'occuper de leur âme et regarder le ciel. La question est infiniment grave et elle intéresse au plus haut point la dignité de l'ouvrier : sans un jour de repos, les derniers vestiges de la grandeur humaine s'effacent peu à peu. L'ouvrier sans cesse accablé sous le poids d'un travail sans repos ni trêve, ne sortant jamais de l'usine ou l'atelier pour aller écouter, à la grande école de l'Église, les sublimes enseignements qui lui révèlent les secrets de sa vie du temps et les espérances de l'éternité, l'ouvrier, dans de semblables conditions, deviendra une machine perfectionnée et rien de plus. Vous, État, vous ne pouvez pas être complice de ce crime : la nature, ou plutôt Dieu, vous a confié des hommes libres, vous n'avez pas le droit d'en faire des esclaves. Qu'on ne dise pas : « Une législation sur cet objet serait une entrave à la liberté » ! Certes, les États-

Unis ne cèdent à aucun pays l'honneur d'être jaloux de la liberté, et nulle part, plus que l'autre côté de l'Océan, l'initiative personnelle n'a pris de plus magnifiques développements, et cependant le repos hebdomadaire est ordonné et rigoureusement observé. Il y a évidemment des ménagements à prendre et des nécessités avec lesquelles il faut compter, mais, en principe, un État qui, sous de futiles prétextes, recule devant une mesure aussi salutaire, manque à son devoir et viole un droit imprescriptible de l'ouvrier.

En commentant ce passage de l'Encyclique, M. Anatole Leroy-Beaulieu fait très bien ressortir l'importance d'un jour de repos pour le relèvement moral du travailleur : « Le repos du dimanche, dit-il, naguère si mal compris des foules, a été un des grands bienfaits que l'Église, sortie d'Israël, ait apportés au monde. Le Sabbat était une des plus hautes conceptions de la loi ancienne, d'où il est passé à la loi nouvelle. Le Sabbat a été pour l'humanité, pour l'esclave, pour le serf, pour l'ouvrier, un instrument d'émancipation. Selon le mot d'un israélite américain, il a été le premier « abolitionniste ». Comme le disait, à Pérouse, le cardinal Pecci, ce n'est pas seulement le jour du Seigneur, c'est aussi le jour de l'homme. La fantaisie du poëte (Heine) a représenté le juif, métamorphosé durant six jours en animal immonde, qui recouvre la forme humaine, le vendredi soir, en allumant le flambeau du Sabbat. Ainsi de l'ouvrier chrétien, le dimanche; lui aussi, redevient un homme, se sent pleinement un homme. Mais, pour que l'antique Sabbat garde toute sa valeur sociale, il faut que le repos hebdomadaire tombe, autant que faire se peut, pour tous le même jour; que tous les membres de la famille, tous les habitants du pays le fêtent ensemble; et non point comme le veulent des libres penseurs imbéciles et de faux démocrates, que ce soit un jour choisi au hasard, entre les sept de la semaine, par le caprice de l'ouvrier, ou par l'arbitraire du patron. Une tristesse de ce temps, où nous n'en sommes plus à les compter, c'est de voir l'inepte fanatisme des majorités prétendues démocratiques repousser, de la loi sur le travail des enfants ou des femmes, le mot de dimanche, de peur d'avoir l'air de complaire aux curés » (1).

Pour que le repos hebdomadaire procure efficacement le relèvement moral de l'ouvrier, il faut, en effet, qu'il tombe le même jour afin que le travailleur puisse le célébrer en famille. L'ouvrier est heureux et souvent très fier de promener sa fille quand elle a mis *ses habits du dimanche* et qu'il s'imagine, dans l'illusion d'un sentiment si touchant et si naturel, que tout le monde admire son enfant. Cette pensée le repose des durs labeurs de la semaine, le babillage de l'enfant le distrait des soucis du lendemain ; il se laisse aller, un moment, aux émotions les plus pures et les plus légitimes qui puissent remuer le cœur de l'homme : laissez-lui cette joie, il en a si peu ! Mais pour qu'il la savoure, il faut que le jour de fête soit le même pour toute la famille, et, qu'une fois par semaine, l'ouvrier, sa femme et ses enfants,

(1) *La papauté, le socialisme et la démocratie.* A la dernière phrase, M. Anatole Leroy-Beaulieu fait allusion au rejet de l'amendement présenté par M. Léon Say (décembre 1891).

jouissent tous ensemble d'un repos laborieusement gagné. Ce jour sera le dimanche. Indépendamment de la loi de l'Église, le dimanche est dans la tradition du peuple. On l'a bien vu quand, à la fin du dernier siècle, on voulut introduire, dans les habitudes de la nation, un autre jour que le dimanche. Même avant la restauration du culte : « les mœurs avaient déjà fait ce que la loi n'avait pas osé faire encore, dit M. Thiers, et le dimanche était redevenu partout un jour de fête religieuse, plus ou moins observé, mais universellement admis comme interruption du travail de la semaine » (1). Le dimanche est donc tout indiqué et, ne pas vouloir l'insérer dans la loi pour ne pas avoir l'*air de complaire aux curés*, c'est fort sottement heurter les habitudes du peuple et sacrifier ses droits à une haine aveugle et inepte.

Le devoir de l'État ne se borne pas à ces mesures générales de protection du droit des faibles, il va plus loin : « Pour ce qui est

(1) *Histoire du Consulat et de l'Empire*, vol. III, livre XIV.

des intérêts physiques et corporels, dit le pape, l'autorité publique doit tout d'abord les sauvegarder en arrachant les malheureux ouvriers aux mains de ces spéculateurs qui, ne faisant point de différence entre un homme et une machine, abusent sans mesure de leurs personnes pour satisfaire d'insatiables cupidités ». On ne pouvait pas flageller en termes plus énergiques l'exploitation des travailleurs devenus la proie de spéculateurs avides qui, pour encaisser de plus gros bénéfices, traitent l'homme comme une machine dont les engrenages doivent toujours marcher sans se reposer jamais. Partout et toujours le fort a été tenté d'exploiter le faible, et l'histoire n'est, hélas ! que le long gémissement des opprimés. Il y a, dans le cœur de l'homme, un insondable abîme d'égoïsme, source intarissable d'abus et de vexations de toute sorte, et le devoir de l'État est de lui opposer le frein salutaire de la loi. Autrefois les petits et les humbles formaient une classe inférieure sans défense contre l'injustice, et si l'Église a tant fait pour la relever et la mettre à l'abri, elle ne l'oublie pas aujourd'hui qu'elle est exposée à de nouveaux coups. Sans doute, la situation a été profondément modifiée ; la société n'est plus divisée légalement en classes rivales, car l'ouvrier peut devenir patron, le pauvre peut devenir riche, et c'est bien à tort qu'on parle d'un *quatrième État* dans un pays où il n'y a plus ni premier ni second ni troisième ordre. Mais si la cause des abus toujours possibles a été déplacée, elle n'a pas été anéantie, elle est indestructible, puisqu'elle a son principe dans cet égoïsme qui ne meurt jamais. Autrefois le sang était le maître, aujourd'hui c'est l'argent, et de même que la nuit du 4 août fut un acte de réparation et de justice, de même, il est du devoir de l'État de s'opposer aux fantaisies criminelles du maître de la société moderne. Qu'on n'accuse pas l'État d'empiétement et d'ingérence si, par de sages mesures législatives, il essaye d'enfermer la puissance de l'argent dans les limites de la justice, car, au contraire, le plus noble usage qu'il puisse faire de la force dont il dispose, c'est de la mettre au service des faibles. Or, dit le pape, « exiger une somme de travail, qui, en émoussant toutes les facultés de l'âme, écrase le corps et en consume les forces jusqu'à l'épuisement, c'est une conduite que ne peuvent tolérer ni la justice ni l'humanité ». Quand donc un patron exige, de ses ouvriers, un travail excessif qui les épuise, il commet un abus que l'État a le devoir de réprimer.

La question de la durée du travail se pose ici naturellement. Le pape ne détermine pas le nombre d'heures que l'on a le droit d'exiger, et, en fait, il est difficile, pour ne pas dire impossible, de fixer la durée du travail; cela dépend d'une foule de circonstances de temps, de lieu, de personnes qui s'opposent à une règle fixe et invariable. Le travail des champs est moins pénible en automne qu'en été; le travail dans une usine est plus dur que dans l'atelier; un ouvrier robuste peut travailler plus longtemps qu'un autre plus faible; un tailleur d'habits se fatigue moins qu'un homme occupé à porter des fardeaux. On ne peut donc pas émettre une règle générale, applicable à tous les ouvriers et à tous les genres de travail, pas plus qu'un ministre de la guerre ne pourrait, du fond de son cabinet, dire à un général : « Vous vous battrez tant d'heures, et quand le délai sera arrivé vous ferez sonner la retraite ». Le pape se contente donc de poser ce principe incontestable : « La durée du repos doit se mesurer d'après la dépense des forces qu'il doit restituer ». Il rappelle en outre que le travail des femmes et des enfants doit être entouré de protections spéciales réclamées par la nature même du sexe et de l'âge. L'État ne peut pas permettre que cette double faiblesse soit accablée sous le poids d'un travail qui l'écrase.

Reste enfin la question capitale du salaire.

La profonde sagesse de Léon XIII se garde bien de confier à l'omnipotence de l'État la solution de ce problème qui est, pour l'ouvrier, une question de vie ou de mort. Après avoir posé les principes qui doivent régler la fixation du salaire (principes que nous expliquerons tout à l'heure), il s'en remet, pour trancher les difficultés entre les patrons et les ouvriers, « aux corporations ou aux syndicats ». — « De peur que dans ces cas ou d'autres analogues comme en ce qui concerne la journée du travail et le soin de la santé des ouvriers, les pouvoirs publics n'interviennent importunément ».

Le pape est fidèle à la maxime fondamentale qu'il a posée plus haut et dont la lumière se projette sur toutes les questions soulevées quand on a recours à l'intervention de l'État : l'individu et la famille sont avant l'État, la seule raison d'être de celui-ci est la protection du droit ; il ne doit donc intervenir et substituer son ingérence à l'initiative individuelle, que lorsque les droits sont méconnus et violés. Mais quand les difficultés peuvent être vidées entre patrons et ouvriers, il faut leur laisser la latitude nécessaire pour amener ce résultat. On le voit, Léon XIII est en garde contre la tendance de l'État *à se mêler de choses qui ne le regardent pas* (qu'on nous passe cette expression un peu familière mais qui rend exactement notre pensée). Or, si le pape assigne avec tant de soins la limite de la puissance de l'État quand il s'agit de ce pouvoir dont il a dit que son rôle se borne « à servir l'intérêt commun » : à bien plus forte raison faut-il se mettre en garde, quand on a affaire à un État que l'intérêt commun touche peu et qui se préoccupe surtout d'absorber les droits sans songer à remplir les devoirs. Le socialisme d'Etat est trop menaçant pour que nous n'ayons pas voulu rappeler ces maximes vraiment chrétiennes avant d'aborder le problème du salaire des ouvriers.

Le pape signale, dans la question du travail, deux éléments dont il faut tenir compte si l'on veut résoudre le problème d'une façon équitable ; ces deux éléments sont la *personnalité* et la *nécessité*. Le travail est, à la fois, personnel et nécessaire ; il est personnel car il est le fait de *cette personne ;* il est nécessaire, car, sans lui, l'homme ne peut pas vivre depuis qu'il a été condamné à manger son pain à la sueur de son front. Si on n'envisage que le côté de la personnalité, la fixation du salaire peut être réglée par un contrat librement consenti entre le patron et l'ouvrier : « Tu vas me faire ce travail, je te donnerai tant ». Si l'ouvrier accepte, le contrat est signé et il n'y aura d'injustice que si le patron refuse de payer, ou l'ouvrier de travailler. Ce contrat est-il équitable ? Non, répond Léon XIII, car « il n'embrasse pas tous les côtés de la question et il en omet un de fort sérieux ». Le côté fort sérieux omis par un contrat signé sur cette base, est la nécessité du travail. Cette nécessité inexorable pèse sur l'ouvrier qui ne veut pas mourir de faim. Quand donc on lui propose un contrat qui ne tient compte que de la personnalité, on exploite, à son détriment, la nécessité où il se trouve d'accepter, pour ne pas mourir, un salaire quel qu'il soit, et souvent dérisoire. Il est évident que, pressé par la faim, l'ouvrier acceptera un salaire fixé par un contrat qu'il aura signé le couteau sur la gorge pour ainsi dire (1). Si on admet le principe de la légitimité du contrat qui tient compte seulement de la personnalité du travail, on ouvre la porte à la criante injustice de l'exploitation de l'ouvrier par le patron. Il faut donc considérer le second élément du travail, la nécessité. Si l'ouvrier n'était pas obligé de travailler pour vivre, on pourrait passer avec lui tel contrat que l'on voudrait, mais il « a besoin du fruit de son travail pour se conserver son existence, et il

(1) *Ea necessitate aliquis tenetur ad operandum manibus qua tenetur ad manducandum* (S. Thomas 2ª 2ª q. CLXXXVII, art. 3).

doit la conserver, pour obéir aux ordres irréfragables de la nature ». — « De ce devoir découle nécessairement le droit de se procurer les choses nécessaires à la subsistance, et que le pauvre ne se procure que moyennant le salaire de son travail ». Quand donc on propose à l'ouvrier un salaire qui ne lui permet pas de se procurer les choses nécessaires à sa subsistance, quand même il aurait accepté la proposition, on viole son droit et on lui fait « subir une violence contre laquelle la justice proteste ». Le salaire juste est donc celui qui, mettant en balance la personnalité et la nécessité du travail, est suffisant « à faire subsister l'ouvrier sobre et honnête ».

Que faut-il entendre par la subsistance de l'ouvrier sobre et honnête ? D'abord évidemment la nourriture, le vêtement et le logement. Il faut que l'ouvrier puisse se nourrir d'une manière non seulement suffisante, mais encore convenable. Si le salaire ne lui donne que juste ce qu'il faut pour ne pas mourir en ne mangeant que du pain et rien que du pain, il ne sera pas suffisant ; par nourriture convenable, nous entendons les aliments fortifiants auxquels l'ouvrier a droit et dont la présence sur sa table n'est nullement contraire à la sobriété. L'ouvrier travaille avec plus d'ardeur et accepte plus facilement les difficultés de sa situation, quand il sait qu'un repas substantiel et sain l'attend au logis. Il faut aussi qu'il puisse se vêtir d'une façon conforme à son état : il ne serait pas juste que, par la modicité du salaire, il en fût réduit à se couvrir de haillons. On ne peut pas non plus le condamner à habiter un taudis aussi nuisible à sa santé qu'indigne de sa qualité d'homme.

Du reste, pour apprécier la justice du salaire, il ne faut jamais oublier que l'ouvrier est un homme, et qu'à ce titre il a droit, par son travail, à une nourriture, à un vêtement, à un logement proportionnés à sa situation. Nous disions plus haut que le riche a le droit d'user de sa fortune pour vivre selon son rang ; ce qui est vrai de la fortune du riche est vrai aussi du salaire qui est la fortune du pauvre et de l'ouvrier.

C'est là, croyons-nous, la pensée du pape quand il dit que « le salaire ne doit pas être insuffisant à faire subsister l'ouvrier *sobre* et *honnête*.

Une question plus délicate est de savoir si le salaire doit pourvoir à l'entretien de la famille de l'ouvrier.

La difficulté a été soumise au Saint Siège et voici la réponse qui a été faite (1).

On avait demandé : « Le maître péchera-t-il, qui paie le salaire suffisant à la sustentation d'un ouvrier, mais insuffisant à l'entretien de sa famille; soit que celle-ci comprenne avec sa femme de nombreux enfants, soit qu'elle ne soit pas nombreuse ? s'il pèche, contre quelle vertu pèche-t-il » ?

Réponse : « Il ne péchera pas contre la justice, mais il pourra parfois pécher, soit contre la charité, soit contre *l'équité naturelle* ».

Nous allons résumer exactement les explications fournies par le théologien romain.

On a satisfait aux exigences de la justice quand on a fixé un salaire suffisant à l'entretien de l'ouvrier, car le travail rétribué par le salaire est l'œuvre personnelle de l'ouvrier et non de la famille ; de même

(1) Voir : *Journal du droit canon et de la jurisprudence canonique :* Avril 1892.

donc que la famille n'ajoute pas au travail, de même il n'est pas requis d'ajouter au salaire. Mais (cette restriction est fort importante) mais accidentellement et parfois, le patron qui ne donne pas à l'ouvrier les moyens de pourvoir à l'entretien de sa famille peut pécher contre la charité d'abord, contre l'équité naturelle ensuite.

Il pèche contre la charité, non seulement d'une manière générale comme on peut le faire toutes les fois que l'on ne vient pas en aide à son prochain, mais encore d'une manière spéciale et, pour ainsi dire, particulièrement odieuse. Le patron en effet profite du travail de l'ouvrier, il doit donc obéir au précepte de la charité, d'abord envers son ouvrier dont le travail lui est profitable : l'ouvrier lui est plus proche qu'un autre pauvre auquel il n'est redevable de rien. L'ouvrier fait, en quelque sorte, partie de la famille du patron, et de même que l'ordre de la charité exige que l'on fasse du bien à ses proches avant de songer à d'autres, de même et en vertu de ce principe, le patron est tenu à des devoirs spéciaux envers ses ouvriers. Quand donc un patron est en mesure de faire la charité, il doit commencer par donner à ses ouvriers un salaire suffisant pour l'entretien de la famille.

Il y est tenu encore en vertu de l'équité naturelle.

De même qu'au dessus de la loi humaine planent les grands principes dont la loi est une application spéciale à des cas déterminés, de même au dessus de la justice, satisfaite quand on a donné à l'ouvrier un salaire équivalent à son travail, il y a la grande lumière de l'équité naturelle qui nous guide dans l'accomplissement de nos devoirs envers nos semblables. L'équité naturelle nous dit que l'ouvrier est un homme et que nous devons le traiter en conséquence. Il a beau être condamné aux plus pénibles labeurs, rien n'effacera jamais sur son front le signe de sa dignité, ni la marque de sa grandeur. Il y a donc, dans l'ouvrier, comme une double personnalité : le travailleur et l'homme. Vous avez acquitté vos devoirs envers le travailleur quand vous lui avez remis le salaire convenu, et en justice stricte, il ne peut pas exiger autre chose. Mais il est homme aussi et, à ce titre, il a des droits, et l'un de ces droits est de répondre à la parole sacrée : *crescite et multiplicamini.*

Parce qu'il est ouvrier, lui sera-t-il refusé de rêver un foyer où il viendra, après une longue journée de travail, savourer les joies de la famille et puiser auprès de sa femme et de ses enfants le courage de recommencer sa vie du lendemain ? Le travailleur ne peut réclamer que son salaire strict, et, en justice, vous ne lui devez pas autre chose ; mais l'homme ? n'a-t-il pas d'autres droits ? Ces droits se réfugient dans la clarté de l'équité naturelle, et, pour être au dessus des prescriptions de la justice distributive, ils n'en sont pas moins inviolables et sacrés. Quand donc « le maitre tire du travail de l'ouvrier beaucoup de bénéfice et d'avantage, quand en réalité il en tire, il est *tenu*, par une certaine équité naturelle, de le récompenser d'une certaine manière et par surérogation ».

L'obligation de pourvoir, par le salaire, à l'entretien de la famille de l'ouvrier se puise donc à un double principe : la charité et l'équité naturelle.

« L'ouvrier qui percevra un salaire assez

fort, pour parer aisément à ses besoins et à ceux de sa famille, suivra, s'il est sage, le conseil que semble lui donner la nature elle-même : il s'appliquera à être parcimonieux et fera en sorte, par de prudentes épargnes, de se ménager un petit superflu, qui lui permette de parvenir, un jour, à l'acquisition d'un modeste patrimoine ». Il y a dans ces lignes, un accent de tendresse et de sollicitudes paternelles qui trahissent l'ardent amour de Léon XIII envers les ouvriers. Ne croirait-on pas entendre un père donnant à ses enfants les sages conseils de sa vieille expérience : « Soyez laborieux et économes, je voudrais vous voir, un jour, possesseurs d'un petit patrimoine qui vous mettrait à l'abri des angoisses poignantes d'autrefois. Vous y arriverez par le travail et l'économie, vous serez alors maître chez vous, personne ne viendra vous disputer un champ et une maison qui vous seront d'autant plus chers qu'ils sont le prix de vos sueurs. Quand l'âge ne vous permettra plus les travaux de vos jeunes années, vos fils vaillants et forts entoureront de reconnaissance et de respect les derniers jours d'une vie si bien remplie ». Voilà la riante perspective que le pape fait entrevoir à l'ouvrier, et au lieu de la lui faire atteindre par les moyens injustes et trompeurs du socialisme, il lui en indique la seule route praticable : le travail et l'épargne. Aussi pour garantir à l'ouvrier la tranquille possession de son futur patrimoine, il rappelle immédiatement le grand principe de l'inviolabilité de la propriété : « Nous avons vu, dit-il, que la question présente ne pourrait recevoir de solution vraiment efficace si l'on ne commençait par poser comme principe fondamental l'inviolabilité de la propriété privée ». A l'encontre du socialisme qui prétend résoudre le problème par la suppression de la propriété, le pape soutient au contraire qu'on n'arrivera à une solution que par le maintien du principe opposé. Le socialisme dépouille tout le monde et n'enrichit personne, le pape laisse à chacun ce qui lui appartient, et fait espérer à tous de devenir propriétaires; espoir qui n'est jamais déçu, si ses conseils sont suivis. On pourrait en effet multiplier à l'infini les exemples d'ouvriers laborieux économes qui sont parvenus à conquérir une petite propriété (1). Tel grand industriel de Lille, de Roubaix ou de Tourcoing est fils ou petit-fils d'ouvrier.

Le pape considère, avec raison, le développement de l'esprit de propriété dans les masses populaires comme l'un des remèdes les plus efficaces aux maux du temps présent, et il met le doigt sur la plaie : « D'une part, la toute-puissance dans l'opulence : une faction qui, maitresse absolue de l'industrie et du commerce, détourne le cours des richesses et en fait affluer vers elle toutes les sources: faction d'ailleurs qui tient en sa main plus d'un ressort de l'administration publique. De l'autre la faiblesse dans l'indigence : une multitude, l'âme ulcérée, toujours prête

(1) Je connais un ouvrier qui, lorsqu'il arriva chez son patron, était tellement pauvre, qu'il n'avait même pas du pain; il ne mangeait que des *gaudes*. Il a aujourd'hui une petite propriété et une maison *à lui*. Son patrimoine ne ressemble évidemment en rien au château de Ferrières, mais, tel qu'il est, le brave homme s'y trouve heureux et il goûterait médiocrement le discours d'un orateur de club contestant la légitimité de sa propriété.

au désordre ». En quelques lignes, voilà un tableau de main de maître. Il faut, d'une part, opposer une digue à la puissance envahissante et presque irrésistible de l'argent accumulé en quelques mains, maîtresses de « plus d'un ressort de l'administration publique ». L'argent ne peut-il pas dire : l'industrie, le commerce, l'État même, c'est moi ? N'aspire-t-il pas à remplacer les pouvoirs absolus qui autrefois faisaient affluer vers eux les sources vives de la nation et, sur le terrain économique, ne sommes-nous pas menacés d'un retour offensif de l'ancien régime ? Le socialisme se trompe grossièrement quand il s'imagine mettre un frein à l'extension de la puissance nouvelle en niant le principe de la propriété privée ; il accroîtrait démesurément un pouvoir qui n'a déjà que trop de tendances à tout envahir.

Le pape, au contraire, est partisan résolu de la décentralisation opérée par la propriété privée qui procure « une répartition des biens certainement plus équitable ». La multitude toujours prête au désordre parce qu'elle a l'âme ulcérée de voir qu'elle n'a rien tandis que d'autres ont tout, s'adoucirait « par la perspective d'une participation à la propriété du sol, et l'on verrait peu à peu se combler l'abîme qui sépare l'opulence de la misère, et s'opérer le rapprochement des deux classes ». Il est évident que les prolétaires, devenus propriétaires, envisagent à un point de vue tout nouveau le problème de la propriété et, loin de contester la légitimité de celle du voisin, ils s'efforcent d'augmenter la leur. Si l'on veut donc combler l'abîme et rapprocher les classes, il faut favoriser l'instinct si naturel et si profond de la propriété, faire bien comprendre à l'ouvrier que, par le travail et l'économie, il peut, lui aussi, devenir propriétaire. On n'avancera pas la solution du problème social en inspirant à l'ouvrier la haine de la propriété d'autrui ; on aura trouvé le remède en réveillant chez lui l'amour de la propriété qu'il peut conquérir, et dont les lois lui assureront la tranquille possession.

CHAPITRE X

LA LIBERTÉ.

La liberté d'association est de droit naturel. — Les corporations et la Constituante. — Les corporations religieuses et les pauvres. — Les associations ouvrières. — L'arbitrage.— Conclusion : Léon XIII et la paix sociale et politique.

Nous avons vu, dans le chapitre précédent, que le Pape en appelle aux corporations ou syndicats pour régler les différends qui peuvent s'élever entre les patrons et les ouvriers : il consacre, à la liberté d'association, la quatrième et dernière partie de son Encyclique. Il affirme que la liberté d'assocciation est de droit naturel, et que, par conséquent, l'État sort de ses attributions et de son rôle, s'il refuse ou limite arbitrairement l'exercice de ce droit : « De ce que les sociétés privées n'ont d'existence qu'au sein de la société civile, dont elles sont comme autant de parties, il ne suit pas, à ne parler qu'en général et à ne considérer que leur nature, qu'il soit au pouvoir de l'État de leur dénier l'existence. Le droit à l'existence leur a été octroyé par la nature elle-même, et la société civile a été instituée pour protéger le droit naturel, non pour l'anéantir ». Léon XIII ne manque jamais une occasion de rappeler ce grand principe, que la raison d'être de l'État est la protection du droit. Cette insistance du Souverain Pontife n'est certes pas inutile car, aujourd'hui, comme toujours du reste, la tendance de l'État est d'empiéter incessamment sur les droits des citoyens et de restreindre d'autant les devoirs qui lui incombent. Nulle part peut-être cette absorption par l'État, des droits des citoyens, n'est aussi flagrante que dans la question de la liberté d'association.

Le droit de s'associer dans un but littéraire, scientifique, religieux, industriel ou autre, est tellement évident que, pour en douter, il faut être habitué, comme nous le sommes malheureusement, à suspecter la légitimité de toute initiative individuelle. Léon XIII nous engage à secouer cette torpeur, et il pose le principe fécond d'une décentralisation vivifiante et sage: « Que l'État, dit-il, protège ces sociétés fondées selon le droit ; que toutefois il ne s'immisce point dans leur gouvernement intérieur, et ne touche point aux ressorts intimes qui lui donnent la vie ; car le mouvement vital procède essentiellement d'un principe intérieur, et s'éteint très facilement sous l'action d'une cause externe ». Voilà la vérité, voilà la sagesse, voilà la maxime dont l'application peut, seule, faire d'une nation un peuple vivant et libre. Le mouvement qui s'opère « sous l'action d'une cause externe » est un mouvement automatique ; il n'a que les apparences de la vie, il n'en a pas la réalité.

Le devoir strict de l'État est de protéger toutes les libertés compatibles avec l'intérêt général, et, parmi ces libertés, celle de l'association est une des plus importantes et des plus imprescriptibles, car, comme l'État lui-même, elle a sa source dans « la naturelle sociabilité de l'homme ». L'État n'a que faire de l'octroyer ; elle existe et elle est un droit par cela seul que l'homme est un être sociable, et de même que les citoyens ont le droit de former, dans l'intérêt commun, ces vastes associations qui sont la société civile, de même, ils ont le droit de former des associations privées ayant un but particulier. Ces principes sont incontestables et d'une vérité absolue.

Comment sont-ils appliqués aujourd'hui?

On le sait, le droit d'association n'était autrefois contesté par personne ni à personne. Tous les métiers formaient des corporations nées à l'ombre de l'Église; sous le nom de *confréries*, elles avaient un double caractère, industriel et religieux.

Tant que les corporations jouirent de leur autonomie et purent s'administrer à leur gré, elles furent, pour l'ouvrier, un asile et un puissant auxiliaire.

Le XIIIe siècle fut l'âge d'or des corporations : elles donnaient à l'ouvrier l'instruction primaire et professionnelle, des secours pendant les chômages et les maladies; elles dotaient ses filles, logeaient et nourrissaient les vieillards, et pourvoyaient à la décence des funérailles. La caisse commune était administrée par des jurés élus, et l'ouvrier malheureux venait y puiser selon ses besoins.

Indépendamment de tous les avantages matériels et professionnels que l'ouvrier en retirait, elles lui apprenaient à se gouverner lui-même, et elles formaient le citoyen en même temps que le travailleur. Mais, pour produire ces bons et grands résultats, les corporations doivent vivre d'une vie propre; du jour où l'État attaque leur principe interne en substituant son impulsion à leur initiative, les corporations sont frappées à mort. Elles commencèrent à décliner sous la Renaissance et, au siècle suivant, elles perdirent complètement leur physionomie avec leur liberté : « Les pouvoirs publics oublièrent qu'ils ne peuvent légitimement s'arroger sur elles aucun droit, ni s'en attribuer l'administration ; leur office est plutôt de les respecter, de les protéger, et, s'il en est besoin, de les défendre » (1). Les règlements imposés par Sully et Colbert enlevèrent aux corporations leur caractère individuel et les mirent dans la main de l'État ; elles devin-

(1) Dans ce passage, le Pape a en vue les corporations religieuses, mais sa doctrine est applicable aussi aux corporations ouvrières.

rent comme des temples fermés dans lesquels on ne pouvait entrer qu'en vertu d'un privilège (1). Déjà en décembre 1581, Henri III avait publié un édit renforçant tous ceux qui, depuis Louis XI, tendaient à accaparer les libertés corporatives.

La Constituante ne vit que les abus, et au lieu de se contenter de les corriger, elle dépassa le but en attaquant le principe même de l'association. Le 15 février 1791, M. Dallarde, rapporteur, disait : « Votre comité a cru qu'il fallait lier l'existence de l'impôt sur les patentes à un grand bienfait pour l'industrie et pour le commerce, à la suppression des jurandes et maitrises que votre sagesse doit anéantir, par cela seul qu'elles sont des privilèges exclusifs. La faculté de travailler est un des premiers droits de l'homme. Ce droit est sa propriété. Cependant on a vu, dans presque toutes les villes du royaume,

(1) Les maîtres perruquiers de Nantes demandèrent aux derniers États-Généraux qu'il ne fût plus accordé de brevet de coiffeur de femmes ; ce droit appartenant exclusivement aux maitres perruquiers en vertu de leurs privilèges.

l'exercice des arts et métiers se concentrer dans les mains d'un petit nombre de maîtres réunis en communautés. Ces maîtres pouvaient seuls fabriquer ou vendre les objets de commerce particulier dont ils avaient le privilège. La longueur de l'apprentissage, la servitude du compagnonnage, les frais de réception épuisaient une partie de la vie du citoyen laborieux, et des fonds dont il avait besoin pour monter son commerce. En voyant se combiner avec ces exactions les franchises accordées aux fils des maîtres, l'exclusion donnée aux étrangers, c'est-à-dire aux habitants d'une autre ville, enfin la facilité avec laquelle ces corporations pouvaient se liguer pour hausser le prix des marchandises et même des denrées, on parvint à croire que tous leurs efforts tendaient à établir dans l'État une caste exclusivement commerçante ». C'était là évidemment des abus, et on y remédia le 2 mars suivant, en décidant qu'il serait libre à toute personne de faire tel négoce ou d'exercer telle profession, art ou métier qu'il lui plairait ; mais, si la liberté du travail est un droit, l'association est un droit aussi, et la Constituante le méconnut en adoptant les Conclusions du rapport de Chapelier. Le 15 juin 1791 elle décréta:

Art. 1er. — L'anéantissement de toute espèce de corporation de citoyens de même état et profession étant l'une des bases fondamentales de la Constitution française, il est défendu de les rétablir sous quelque prétexte et sous quelque forme que ce soit.

Art. 2. — Les citoyens de même état et de même profession, les entrepreneurs, ceux qui ont boutique ouverte, les ouvriers et compagnons d'un art quelconque, ne pourront, lorsqu'ils se trouvent ensemble, nommer ni président, ni secrétaire ou syndic, tenir des registres, prendre des arrêtés ou délibérations, former des règlements sur leurs prétendus intérêts communs.

Dans son rapport, Chapelier avait prononcé ces paroles qui révèlent clairement l'esprit de la législation nouvelle : « Il n'y a plus de corporations dans l'État; il n'y a plus que l'intérêt particulier de chaque individu et l'intérêt général ». Le droit d'association reçut une autre atteinte par l'arrêté du 6 fructidor an III, et il est allé aboutir à l'article 291 du Code pénal singulièrement aggravé encore par la loi de 1833.

En résumé, la liberté d'association, qui est un droit naturel et que l'État a le devoir de protéger, est radicalement niée par les dispositions législatives que nous venons de rappeler. Nous n'avons pas besoin de dire que ces dispositions sont nulles, car l'État « a été institué pour protéger le droit naturel, non pour l'anéantir ».

Ce qui rend les empiétements de l'État plus odieux encore et les abus de pouvoir plus intolérables, c'est, comme dit le Pape : « Qu'on frappe de proscription les sociétés catholiques dans le temps même où l'on affirme la légalité des sociétés privées, et que, ce que l'on refuse à des hommes paisibles et qui n'ont en vue que l'utilité publique, on l'accorde, et certes très largement, à des hommes qui roulent dans leur esprit des desseins funestes à la religion tout à la fois et à l'État ». Nier à des hommes doux, paisibles et dévoués au bien public un droit accordé à des hommes violents et souvent dangereux, c'est une aberration inconcevable, et le contraste rend l'injustice plus criante encore. Nous nous associons pleinement à l'éloquente protestation de M. Anatole Leroy-Beaulieu : « De quel côté, dit-il, se portent les défiances et les précautions gouvernementales? Est-ce du côté des nouveaux syndicats, qui ont déjà la puissance du nombre et le prestige de la force, qui, non contents d'user envers les travailleurs de la contrainte morale, se permettent déjà, sous nos yeux, dans les grèves, d'employer vis-à-vis des patrons ou des ouvriers récalcitrants la violence matérielle? Non, toutes les mesures de défense, toutes les sévérités de la loi du fisc semblent devoir être réservées pour les associations dont l'objet est le soin des pauvres, l'entretien des vieillards, l'éducation des orphelins, la garde des malades ; pour celles dont les membres renoncent à tout avantage personnel, n'ayant d'autre souci que d'adoucir les maux de l'humanité souffrante, et de répandre autour d'eux, avec la foi au devoir et l'espérance en Dieu, l'esprit d'amour et de charité; car, frères ou sœurs, hommes ou femmes, tel est, en somme, pour la société, le but commun, et si je puis dire, la fin terrestre de toutes les congrégations religieuses. Voilà les associations contre l'envahissement desquelles nos législateurs vont s'entourer de triples retranchements. Cent ans après la Révolution, c'est, paraît-il, le moine en froc blanc ou brun, c'est la sœur au voile noir et à la cornette blanche, qui sont une menace pour l'État et pour la tranquillité publique.

« Quant aux Syndicats, dont les chefs prennent pour mot d'ordre la haine des classes et préparent au grand jour la guerre sociale, il leur sera beaucoup permis et beaucoup pardonné. Ne sont-ils pas laïques? N'ont-ils pas d'habitude à leur tête des libres penseurs? Cela suffit aux esprits forts du Palais-Bourbon » (1).

A ne considérer la question qu'au point de vue purement démocratique et populaire, n'est-il pas évident que le devoir des pouvoirs publics est de favoriser les associations qui se consacrent au service du peuple dans les écoles, dans les hôpitaux, dans les orphelinats; partout enfin où il y a des pauvres à soutenir et des malheureux à conso-

(1) La Papauté, *Le socialisme et la démocratie*, ch. XIV.

ler? Ce ne sont pas les riches qui envoient leurs malades dans les hôpitaux et leurs enfants chez les frères; ils ont des domestiques pour soigner les uns et des précepteurs pour élever les autres : C'est le peuple et rien que le peuple qui confie ses malades aux sœurs et ses enfants aux frères. Quelles raisons avez-vous pour vous défier de ces serviteurs dont le zèle ne s'est jamais démenti et qui ne demandent qu'à se dévouer à toutes les faiblesses et à toutes les infortunes? Si ces associations n'existaient pas, il faudrait les inventer dans l'intérêt du peuple et vos efforts, au contraire, tendent à restreindre de plus en plus les limites de leur action, au grand détriment des malades et des pauvres. De semblables procédés seraient explicables peut-être de la part d'aristocrates païens; dans une société démocratique et, quoi qu'on fasse, profondément imbue d'idées chrétiennes, une pareille attitude est un non-sens, une anomalie criminelle et un complet mépris des vrais intérêts du peuple.

Nous n'avons parlé qu'incidemment des associations religieuses ; revenons aux associations ouvrières.

Après avoir rappelé et encouragé les essais multiples d'associations accomplis de nos jours, Léon XIII assigne le but immédiat qu'elles doivent s'efforcer de réaliser « et qui consiste dans l'accroissement le plus grand possible des biens du corps, de l'esprit, de la fortune ». Mais si c'est là le but immédiat « l'objet principal est le perfectionnement moral et religieux ». Ces deux fins superposées l'une à l'autre pour ainsi dire, loin de se contrarier, s'harmonisent au contraire d'une manière admirable, car par cela seul qu'il est moral et religieux, l'ouvrier devient économe, laborieux et augmente par conséquent son bien-être et sa fortune. D'autre part, le patron, animé des mêmes sentiments, est juste, humain, doux envers l'ouvrier, et il a pour lui les égards puisés dans les inspirations élevées de l'égalité chrétienne. Supposons une association composée d'ouvriers et de patrons vraiment chrétiens et fortement pénétrés du dogme de la fraternité, il est évident que le travail, la justice et la concorde seront sa vie, sa force et sa base inébranlable. Le patron ne songera pas à exploiter l'ouvrier, et l'ouvrier se contentera de son salaire parce qu'il sait qu'on lui donne tout ce qui lui est dû : « Le sort de la classe ouvrière, telle est la question qui s'agite aujourd'hui », dit le Pape, et il ajoute « les ouvriers chrétiens la résoudront facilement par la raison, si, unis en société et conduits par une direction prudente, ils entrent dans la voie où leurs pères et leurs ancêtres trouvèrent leur salut et celui des peuples ». Oui, la question par excellence est, aujourd'hui, le sort de la classe ouvrière. Bon gré mal gré, il faut chercher un remède et une solution ; le danger est imminent et les revendications populaires deviennent tous les jours plus menaçantes. La solution violente proposée par le socialisme est absolument contraire aux intérêts mêmes de l'ouvrier, et d'une réalisation impossible ; il n'y a de remède véritablement efficace que dans la diffusion de l'esprit chrétien qui commande aux patrons le respect de l'ouvrier ; à l'ouvrier, l'amour du travail et l'acceptation résignée des labeurs inévitables de sa situation. On n'arrivera jamais à supprimer le travail ; il y aura par conséquent toujours des patrons et des ouvriers, et la difficulté consiste précisément à alléger le plus possible le fardeau qui pèse sur le travailleur. Si le patron, au lieu de le regarder avec hauteur et de ne « l'estimer qu'au poids de l'or produit par son travail », voit en lui un frère et un égal devant Dieu, le sentiment chrétien comblera l'abîme qui les sépare et remplacera, par l'estime réciproque et par la paix, des hommes que séparent trop souvent le mépris, les défiances et la haine. Le Pape est donc dans la vérité absolue quand il dit que, pour atteindre le but désiré, les corporations ouvrières doivent, avant tout « prendre Dieu comme point de départ ».

Il faut prévoir toutefois lés dissentiments qui peuvent s'élever au sein des corporations les plus unies, et dont les membres sont animés de meilleures intentions. Ces dissentiments sont toujours à craindre car, d'un côté, les patrons sont exposés à croire que les ouvriers sont suffisamment rétribués et, d'autre part, les ouvriers s'imaginent très aisément qu'ils sont exploités par les patrons. Alors surviennent « ces chômages voulus et concertés qu'on appelle des grèves », nuisibles à la fois aux patrons et aux ouvriers, à l'industrie et à la tranquillité publique. N'y a-t-il pas un autre moyen pour dénouer la situation tendue entre les patrons et les ouvriers? « Afin de parer aux réclamations éventuelles qui s'élèveraient dans l'une ou dans l'autre classe au sujet de droits lésés, il serait très désirable que les statuts mêmes chargeassent des hommes prudents et intègres, tirés de son sein, de régler le litige en qualité d'arbitres ».

Les évènements qui ont eu naguère, en France, un si grand retentissement, justifient pleinement la sagesse de la solution proposée par Léon XIII. Au lieu de recourir à l'arbitrage d'hommes étrangers à la corporation et dont la sentence peut n'être pas acceptée, n'est-il pas infiniment plus sage que patrons et ouvriers s'en remettent à la décision d'un tribunal, investi de la confiance commune, composé d'hommes du métier et connaissant à fond la cause qu'ils sont appelés à juger, et qui offrira évidemment, aux patrons comme aux ouvriers, toutes les garanties désirables de justice et d'impartialité. Il devra être institué par les règlements de la société, alors qu'aucun conflit ne s'est encore élevé, afin que les élections désignent, pour en faire partie, des hommes sages et probes ; si, au contraire, ce tribunal était créé au moment même de la grève, les arbitres, nommés dans l'ardeur de la lutte, n'auraient probablement pas le calme nécessaire pour prononcer une sentence juste. Il est donc infiniment préférable que l'institution du tribunal soit partie intégrante des statuts de l'association.

Bien des grèves seraient évitées si les contestations étaient soumises au jugement d'une commission composée des ouvriers les plus dignes, des patrons les plus sages, et dont la sentence aurait, autant que faire se peut, tous les caractères d'une décision dictée dans l'intérêt de tous. Au lieu d'écouter les conseils perfides des agitateurs qui le flattent et le trompent dans un but électoral, le travailleur s'en remettrait aux jugements des mandataires en qui il a confiance, et dont il a éprouvé la prudence et le dévouement. Toutes les choses humaines sont sujettes à d'inévitables inconvénients, et les tribunaux mixtes dont nous parlons n'en seraient pas exempts; mais nous croyons qu'ils peuvent devenir un excellent moyen de conciliation entre les patrons et les ouvriers. L'ouvrier en effet se révolte quand il s'imagine que le patron s'enrichit à ses dépens, mais si ses délégués, choisis dans ses rangs, après avoir étudié et discuté l'affaire avec les patrons, lui prouvent que ses réclamations ne sont pas justes, il se soumettra à leur décision plus facilement qu'à un jugement prononcé par les patrons seuls Ici comme partout la discussion au grand jour des affaires qui intéressent *la communauté* est le meilleur garant de la répression des abus et du règne de la justice. Quand l'ouvrier se plaint de l'insuffisance du salaire et qu'une grève est imminente, le tribunal se réunit, les réclamations sont examinées par les deux parties, et il y a tout lieu de croire que la sentence sera l'expression de la justice.

De tous les moyens humains, celui que préconise Léon XIII est le plus efficace, et son application est de nature à produire les meilleurs résultats.

Mais, ne l'oublions pas, les moyens humains quels qu'ils soient seront toujours impuissants à guérir le mal ; le problème ne sera jamais résolu si on n'en revient pas à l'Évangile : « C'est d'une abondante effusion de charité qu'il faut principalement attendre le salut ». Déployez toutes les ressources de la prudence humaine, creusez toutes les questions d'économie sociale, inventez de nouveaux systèmes cherchez le baume qui doit cicatriser la plaie de la misère et de la pauvreté : nous applaudissons à vos généreuses tentatives, mais sachez-le, sans le secours de Celui qui a fait, du précepte de la charité, la pierre angulaire de l'édifice, sans l'Évangile qui commande aux hommes de s'aimer les uns les autres, la question sociale sera toujours une menace et un problème insoluble. Seul, le Christ est assez fort pour inspirer au riche l'amour du pauvre, et pour obtenir que le pauvre renferme ses légitimes revendications dans les limites de la justice. Animée de l'esprit du Christ, l'Église peut seule triompher de la haine par l'amour, de l'égoïsme par le sacrifice, et combler l'ardent désir des hommes de bonne volonté : faire la paix sociale dans la justice et dans la charité.

La paix! telle est la première et la dernière parole de l'Évangile. Les Anges l'annonçaient au monde sur le berceau de Bethléem, et, avant de quitter la terre, le Christ ne cessait de dire à ses fidèles: « Que la paix soit avec vous, je vous laisse et je vous donne ma paix ». Docile aux enseignements du Maître, l'Église prêche la concorde et la paix aux hommes toujours tentés de se diviser et de se déclarer la guerre les uns aux autres. Deux causes, aujourd'hui, sont la source de luttes fratricides: l'une, générale à toutes les nations de l'Europe, c'est la question sociale ; l'autre plus spéciale à la France, c'est une question politique et de forme de gouvernement.

Par son Encyclique *Rerum novarum*, Léon XIII a signalé les remèdes capables de guérir le mal social : le respect de la propriété privée, une répartition plus équitable des biens de ce monde et, par dessus tout, une plus large expansion de la Charité et de la Fraternité chrétiennes.

Par son Encyclique du 16 février, adressée au clergé et aux catholiques de France, le Souverain Pontife a travaillé à la pacification de notre pays sur le terrain religieux et politique. On se rappelle l'étonnement que provoqua le document pontifical, les polémiques ardentes qu'il souleva ; on sait à quel point furent méconnues et dénaturées les intentions conciliatrices de Léon XIII (1).

Bon nombre d'esprits sincères, mais peu éclairés, s'imaginaient de très bonne foi, qu'en France il n'y avait d'autre forme légitime du Pouvoir que la Monarchie; encore fallait-il que la Monarchie fût confiée à une famille en particulier. En dehors de ces deux conditions, il n'y avait qu'usurpation, et gouvernement de surprise en attendant la restauration du Pouvoir légitime. En remontant à la source divine du pouvoir, et en enseignant qu'aucune forme politique spéciale n'a le privilège exclusif du pouvoir de droit divin, le Pape a dissipé l'erreur et renversé le préjugé qui, depuis deux siècles, avaient faussé, en France, la thèse de l'origine de la puissance civile. Dès lors, rien n'empêchait les catholiques d'accepter les

(1) Voir : *La Politique de Léon XIII*, par le R. P. Brandi S. J. (Paris, Lethielleux).

institutions qui nous régissent aujourd'hui : « les accepter n'est pas seulement permis, « mais réclamé, voire même imposé par la « nécessité du bien social qui les a faites et « les maintient ». En intervenant ainsi d'une manière si opportune dans les affaires intérieures de notre pays, Léon XIII a enlevé, aux ennemis de l'Église, le prétexte d'une guerre religieuse désormais sans excuses ; et, d'autre part, il n'a pas voulu que les adversaires irréconciliables de la République se servissent de l'Église comme d'un moyen d'opposition politique au profit d'un parti.

N'est-il pas permis d'entrevoir déjà les fruits de la modération, de la sagesse et de la clairvoyance du Pape ? La transformation d'une République fermée et intolérante, en une République ouverte à toutes les bonnes volontés, et respectueuse de toutes les libertés, n'est-elle pas prochaine ? Ne commence-t-on pas à se convaincre qu'il n'est pas impossible de s'entendre, et qu'après une longue et douloureuse guerre, on peut espérer la réconciliation et la paix ?

C'est le vœu de tous les serviteurs désintéressés de l'Église et de la France : ils en devront la réalisation au Pontife dont la grande figure domine la seconde moitié de ce siècle qui, bientôt, va entrer dans l'histoire ; et quand la postérité lira les annales des temps troublés où nous sommes, elle prononcera le nom de Léon XIII en bénissant la mémoire de celui que Dieu a suscité pour la gloire de son Église et pour la paix du monde.

CHAPITRE VI

LES INÉGALITÉS SOCIALES.

CHAPITRE VII

LE SOCIALISME.

CHAPITRE VIII

L'ÉGLISE.

CHAPITRE IX

L'ÉTAT.

CHAPITRE X

LA LIBERTÉ.

IMP. DE L'OUEST, A. NÉZAN. — MAYENNE

www.ingramcontent.com/pod-product-compliance
Ingram Content Group UK Ltd.
Pitfield, Milton Keynes, MK11 3LW, UK
UKHW020320200726
13857UKWH00001B/234

9 782012 830660